本书系广东省教育科学“十三五”规划课题“基于信息技术的互动式学习的实践与探索”（项目编号：2019ZQJK049）成果

交互式教学

模式、策略与案例

吴彩凤　吴雅婷　叶冬桃/著

江苏凤凰教育出版社
Phoenix Education Publishing, Ltd

图书在版编目（CIP）数据

交互式教学：模式、策略与案例 / 吴彩凤等著．—南京：江苏凤凰教育出版社，2022.12

ISBN 978-7-5743-0548-9

Ⅰ．①交… Ⅱ．①吴… Ⅲ．①课程—教学研究—中小学 Ⅳ．①G632.3

中国国家版本馆CIP数据核字（2023）第009208号

书　　名 交互式教学：模式、策略与案例
著　　者 吴彩凤　吴雅婷　叶冬桃
责任编辑 雷利军
出版发行 江苏凤凰教育出版社（南京市湖南路1号A楼　邮编210009）
苏教网址 http：//www.1088.com.cn
照　　排 北京晨罡文化发展有限公司
印　　刷 三河市明华印务有限公司
厂　　址 三河市杨庄镇周庄子村
开　　本 787毫米×1092毫米　1/16
印　　张 13.75
字　　数 197千字
版　　次 2022年12月第1版　2022年12月第1次印刷
书　　号 ISBN 978-7-5743-0548-9
定　　价 52.00元
网店地址 http：//jsfhjy.taobao.com
邮购电话 025-85406265，85400774　短信 02585420909
E-mail jsep@vip.163.com
盗版举报 025-83658579

前言

PREFACE

在“互联网+教育”的时代背景下，教学信息化因能打破时空限制，更好地实现优质教育资源共享，并有利于学生个性化学习的优势，而深受广大一线教师青睐。信息化教学不仅能丰富课堂的教学内容和呈现方式，更好地激发学生学习的积极性，而且便于教师实施精准化教学，这对学生创新思维和实践能力的发展具有积极意义。然而，有些一线教师受自身信息素养、教育观念、教学经验等影响，对如何促进信息技术与一线教学的深度融合存在着疑惑，这直接影响着他们应用信息技术进行教学的积极性和效果。如何解决这个问题？基于信息技术的交互式教学是一个行之有效的方法。

为了增强本书的专业性，明确不同科目的教学要求，我们研读了2022年版各科的课程标准，以期课程标准的相关内容给予我们更加专业的引领和启发。为了增强本书的可读性，我们探索了不同科目的交互式教学模式，然后将研究的过程外显，既呈现了不同的教学案例，又对教学过程、教学效果进行了剖析。诚然，由于智慧校园建设仍处于完善阶段，其中有些观点还不够成熟，希望有兴趣的读者能在实践中继续探索和尝试。

目 录

CONTENTS

第一章 交互式教学的实践与探索

第一节 交互式教学的背景与提出 / 3

第二节 交互式教学的定义与内涵 / 8

第三节 交互式教学的价值与意义 / 13

第四节 交互式教学的成果与启发 / 16

第二章 语文交互式教学模式及经典案例

第一节 语文交互式教学模式 / 29

第二节 语言构建与应用
——以《富饶的西沙群岛》的教学为例 / 35

第三节 思维发展与提升
——以《火烧云》的教学为例 / 42

第四节 审美鉴赏与创造
——以《落花生》的教学为例 / 48

第五节 文化传承与理解
——以《十六年前的回忆》的教学为例 / 54

第三章 数学交互式教学模式及经典案例

第一节 数学交互式教学模式 / 63

第二节 在互动中体验数学
——以《认识人民币》的教学为例 / 69

第三节　在探究中感知数学
——以《掷一掷》的教学为例 / 76

第四节　在实践中体悟数学
——以《年、月、日》的教学为例 / 84

第五节　在主动中构建数学
——以《四边形内角和》的教学为例 / 91

第四章　**英语交互式教学模式及经典案例**

第一节　英语交互式教学模式 / 99

第二节　感知与体验
——以 *Food and Drink* 的教学为例 / 106

第三节　理解与优化
——以 *Feelings* 的教学为例 / 113

第四节　创新与表达
——以 *Dreams* 的教学为例 / 120

第五节　拓展与提升
——以 *Bizzy Bear, Let's Go and Play*! 的教学为例 / 127

第五章　**道德与法治交互式教学模式及经典案例**

第一节　道德与法治交互式教学模式 / 137

第二节　认识与体验
——以《课间十分钟》第一课时教学为例 / 144

第三节　发现与反思
——以《不做"小马虎"》第一课时教学为例 / 152

第四节　表达与欣赏
——以《不一样的你我他》第一课时教学为例 / 160

第五节　回顾与交流
——以《上学路上》第二课时教学为例 / 168

第六章 **美术交互式教学模式及经典案例**

第一节 美术交互式教学模式 / 179

第二节 在欣赏与实践中创造艺术
——以《精美的邮票》的教学为例 / 187

第三节 在思考与评价中设计未来
——以《千姿百态的帽子》的教学为例 / 193

第四节 在合作与拓展中感悟生命
——以《保护珍稀野生动物》的教学为例 / 199

第五节 在交流与探索中变废为宝
——以《巧用瓶盖》的教学为例 / 205

后 记 / 211

第一章
交互式教学的实践与探索

教育信息化是国家“十三五”规划建设现代化教育的根本支柱，这对中小学校发展提出了新的要求。《教育信息化十年发展规划（2011—2020年）》中明确提出，“制订中小学校和中等职业学校数字校园建设基本标准”，推动全国中小学数字校园达标建设。数字校园建设已成为整体推动国家教育信息化的重要组成部分。在如今教育现代化和“互联网＋教育”的时代背景下，国家对课堂教学质量及学习型人才培养标准的要求越来越高。然而，传统的课堂教学以教师的教为中心，学生被动地学，课堂上缺少师生互动、生生互动，导致学生缺乏学习的自主性和主动性，学习效率较低。如今，需要利用现代教育信息技术，打造“教师精准化教、学生个性化学”的课堂，为社会输送高素质的学习型人才。湛江市第十六小学以先进的学习理论和教学理念为指导，借助现代教育信息技术构建交互式教学。

第一节

交互式教学的背景与提出

基于信息技术的交互式教学为湛江市第十六小学课堂教学研究的核心课题。信息技术打破了传统的教学模式，其数字化、网络化、智能化和多媒体化的特征对课堂教学具有重大意义，信息技术与课堂教学深度融合是实现教育现代化的必然要求。基于“互联网＋教育”的时代背景，采用“课前—课中—课后”的翻转课堂，凭借教师精准化教、学生个性化学的优点，交互式教学营造了师生平等的教学氛围，师生之间、生生之间多向互动，激发了学生学习的积极性和自主性，提高了课堂教学的质量。实际上，基于现代教育信息技术来探索学校管理形式、构建课堂教学模式、改善学生学习方式，已经成为教育信息化进入新的发展阶段的必然要求。

一、重视教育信息化变革的趋势

随着网络技术的迅速普及，社会的发展与信息技术的关系越来越密切，现代教育也离不开信息技术。教育信息化具有突破时空限制、快速复制传播、呈现手段丰富的优势，对提高教学质量，培养创新人才具有深远意义。信息技术与教育教学深度融合，既是智能环境下教育发展的必然选择，又是教育现代化过程中的一大挑战。将信息技术引入传统课堂，大量的网络教学资源改变了传统课堂教学中教学内容、教学形式单一的现象；多媒体、网络等信息技术手段使课堂教学更加生动、更加有效；营造了生动有趣的学习氛围，激发了学生的学习兴趣，能引导学生利用网络进行主动学习、自主学习。这无论是对国家的发展、教育的改革，还是对学生的发展来说都具有重大意义。

现代信息技术对现代教育具有革命性的影响。在学校方面，学校利用信息技术建设数字校园，对教职工信息、学生信息、各种活动信息等进行数字化管理，极大地提高了信息管理的及时性和高效性。通过校园一卡通、数字图书馆、校园信息发布平台等应用系统的建设，从日常生活中的行、住、娱等方面提高师生的幸福指数。通过高清视频监控、联网报警、校车监控等建立一套有效的校园安全防范系统，杜绝校园内的安全隐患。在教师教育方面，教师通过数字化教育资源共享平台学习先进的教育理念、教育方法。在信息技术的帮助下，教师通过数据反馈及时了解学生学习存在的问题，进行精准化教学。同时，教师通过集体教研、评课磨课等多种教研方式进行教学模式的创新，切实提高教学质量。在学生教育方面，利用信息技术构建以学生为中心的，具有个性化、开放性的数字化学习与服务平台，给予学生更多的交流展示机会；利用平台推送学习资源，满足不同层次学生的学习需求。学生在校内外都可利用平台进行学习，师生可以利用平台随时随地进行深层次交流与合作，从而激发学生学习的自主性和积极性，保障和落实学生的主体地位。

二、顺应教学方式改革的发展潮流

教学方式改革是将教学知识和技能、教学过程和方法，学生情感和价值观在课堂上进行科学整合，改变了传统的教学模式。其出发点是谋求课堂教学的实效性，进行高质量的课堂教学。目前，大部分教师多采用传统教学、多媒体教学以及传统与多媒体混合的授课方式，基本上都是借助板书或者 PPT 来讲授知识。这样的讲授方式单一，教师无法关注到每一位学生，学生参与课堂互动的机会少，受表扬的机会少，导致学习积极性不高。随着教育现代化的不断推进和新课程改革的不断深入，顺应教学方式的改革潮流成为教育教学中的一大侧重点。

顺应教学方式的改革潮流，构建新的教学方式要关注两方面内容。一方面，要注重课堂教学的引导性。教师应该成为学生课堂学习的组织者、引导者和合作者。在课堂教学中，教师应重视学生的学习过程，引导学生通过思考去获取知识，而不是直接把结论告诉学生；教师要引导学生采用“探索—自主建构”“交流与合作”的方式学习，给学生提供进行探究活动的机会，激发学生的学习兴趣，协助学生进行自主探究和合作交流；培养学生的自主探究能力、团结协作精神，让学生养成与他人沟通、倾听他人意见的习惯。另一方面，要提高课堂教学的交互性。颠覆以教师教为中心、学生被动学的传统课堂，营造师生平等的学习氛围，让学生能够轻松自由地表达，积极参与到课堂教学中来。教师起主导作用，要根据教学任务组织学生交流，让学生在交流互动中收获经验、构建知识，从而培养学生的独立思考能力、语言沟通能力、合作交流能力。

三、基于以学生为主体的教育思想

“以学生为主体”是一个十分重要的现代教育思想，贯穿于课堂教学的全过程，推动了教育现代化发展，是提高课堂教学质量、教学效率的指导理论。“以学生为主体”强调学生是认识的主体、学习的主体，在课堂教学中应当将学生的被动学习转化为主动学习。在课堂教学中贯彻“以学生为主体”的教育思想，需要教师树立正确的学生观，认识到学生是发展中的人，学生是独特的人，学生是具有独立意义的人，把教师“授业”的课堂转化为学生“求知”的“学堂”，引导学生自主学习、主动学习，为学生的全面发展服务，努力把学生培养成创造型、学习型人才。

“以学生为主体”的教育思想要求学校探索构建能促进学生发展的高质量课堂教学。传统教育思想以教师为主体，教师教，学生被动地学，重结果而轻过程，学生学习的主动性、积极性受到抑制，思维和能力得不到很好的发展，这不利于学习型人才的培养。学校教育必须基于“以学生为主体”的教育思想探寻促进学生学习和发展的教学方式和教学模式，联系学生的日常生活与实际需求，激发学生的学习动机与学习兴趣，让每个学生都可以进行个性化学习。在课堂教学中，教师起主导作用，要引导学生进行独立思考，鼓励学生在学习中发挥想象力与主体性，让学生的创新思维能力与独立思考能力都得到发展，收获学习与成长的快乐。在“以学生为主体”的教育思想引领下，交互式教学模式诞生了。

四、满足社会对学习型人才的需求

随着高新技术的飞速发展和信息产业的崛起，知识对国家的发展、社会的发展产生着来越大的影响。如今是知识经济时代，知识的更新换代异常迅速，对社会的政治、经济、文化产生了重大而深刻的影响。这要求我们必须成长为能推动社会可持续发展的学习型人才。习近平强调：“始终把教育摆在优先发展的战略位置，不断扩大投入，努力发展全民教育、终身教育，建设学习型社会。”培养学习型人才不仅是知识经济时代的必然要求，也是促进人全面发展的必然要求。探索建构学习型人才培养的新模式，培养具有自主学习、终身学习意识的人才，是教育教学面临的难题。而课堂教学作为人才培养和学校教育的主要途径，其教学策略的选取以及教学内容的选择直接影响着学习型人才培养的质量与效果。目前，基础教育的传统课堂教学模式降低了学生的学习积极性，固化了学生的思维，难以满足知识经济时代下社会对学习型人才的需求。所以，课堂教学改革刻不容缓。针对此情况，我们对传统课堂的教学媒体、教学内容、教学策略等进行全面改革，建构了基于信息技术的个性、高效的交互式教学模式，以培养学习型人才。

第二节

交互式教学的定义与内涵

交互式教学是实现教育信息化，以信息技术促进课堂有效交互、提高课堂教学质量的必然产物。为加快实现教育信息化，提高教学质量，促进学生的全面发展，信息技术与学校教育的融合日益深化，新的教学方式不断涌现，课堂教学模式也在不断发生变化。交互式教学的核心在于利用信息技术解决传统课堂教学中教材展现方式单一、教师教学方式固化、课堂有效互动缺乏、教学质量不高等问题，打造高效、智能、幸福的课堂；通过智慧教学平台，促进学生全面发展，快乐成长。

一、交互式教学的定义

要想构建交互式教学的体系，首先要明白交互式教学的定义。什么是交互？交互，即交流互动、交往互动。什么是教学？教学是教师教和学生学的共同活动。教师通过教学有目的、有计划、有组织地引导学生学习并掌握科学文化知识和技能，提高学生各方面素质，促进学生全面发展。将交互与教学相结合，旨在通过信息技术，打造师生围绕教学任务平等交流、自主互动，相互启发、相互促进的课堂，培养自主学习、探究学习、终身学习的学习型人才。

自建设智慧校园，推动信息化教学以来，为将信息化教学进一步落实到课堂教学中，湛江市第十六小学积极探索构建交互式教学。在推动教育信息化的环境下，借助信息技术促使课堂发生“四种方式”（内容呈现方式、学生学习方式、教师教学方式、师生互动方式）的变革已经是必然趋势。2015年，湛江市第十六小学成为智慧课堂教学的试点学校，踏上了智慧教学改革之旅。在系统的理论体系与实践应用的基础上，湛江市第十六小学首次提出交互式教学的定义：交互式教学即在秉承“新、实、趣、活”的要求下，利用信息技术构建教学目标、教学内容贴近学生生活实际，教学方式、教学评价符合学生身心发展规律的教学模式。通过师生之间、生生之间积极高效的交流互动，引导学生自主学习、独立思考、合作探究、破难解疑，从而达到高效学习、培养素质、提高能力的目的。

“新、实、趣、活”具体指什么？“新”就是教学方法新，“实”就是教学目标实，“趣”就是教学内容有趣，“活”就是教学形式活。“新、实、趣、活”要求教师将生活中有趣的内容融入课堂教学中，通过新颖的教学方法与灵活的教学形式，引导学生自主学习、独立思考，落实课堂教学目标。因此，以“新、实、趣、活”四字要求为导向构建的交互式教学模式，强调学生在课堂中的自主学习与合作探究。在教学设计方面，教师既要保持教学方法的新颖，以吸引学生参与到课堂教学中来，又要根据实际情况灵活地进行教学，让学生能够有充足的时间进行自主学习、合作探究；在学习氛围方面，师生在积极活跃的氛围中拉近距离，师生之间、生生之间合作讨论，思维碰撞；在教学内容方面，教师基于教学目标与学生的性格特点，利用有趣的教学内容，激发学生学习的积极性与探究的好奇心，并把教学目标落到实处，以提高学生的个人素质，促进学生的全面发展。

该定义提出后，得到了教师与家长的肯定和欢迎。伴随交互式教学实践的持续深入，人们对交互式教学的内涵及本质的认识也在不断深化。经过两年多的改革探索，交互式教学的理论与实践都发生了极其丰富且深远的变化。湛江市第十六小学在 2015 年提出的定义的基础上，对交互式教学的概念进行深化和完善，赋予其新的含义：教育信息化环境下的交互式教学，是以信息化教学理念为依据，利用信息技术构建的精准化、个性化、多向交互的新型教学模式。交互式教学旨在实现教学设计精准化、学生学习个性化、课堂互动多向化、评价反馈及时化，搭建师生平等自主的互动平台，营造有利于学生自主学习、建构知识的学习氛围。简单来说，交互式教学的模式定位为“教学三化”——精准化、个性化、多向化。教师以信息化教学理念为指导，建设创新、扎实、有趣、灵活的课堂教学。重视智慧教学平台的应用，通过学习先进的网络教育理念，利用丰富的网络资源，达到提高教师教学水平，提高课堂教学质量，师生相互促进、共同发展的目的。

从教学应用的视角来看，交互式教学是信息技术与教育教学深度融合的产物，是课堂教学模式的创新与发展。交互式教学的创新包含以下特征。一是课堂教学的精准化。在交互式教学中，教师不仅可以在备课时利用智慧教学平台提供的学生预测数据，指导学生开展精准化的预习活动，还可以在课堂练习中，通过智慧教学平台及时了解学生还没有掌握的地方，并进行精准化的讲解，确保课堂教学高效进行。二是满足学生个性化学习的需求。教学最重要的不是教师的教而是学生的学，教师只起组织、引导作用。交互式教学的目的就是教给学生自主学习的方法与技巧。教师通过师生之间的交流互动，引导学生掌握学习和思考的方法，让学生学会自主学习、探究学习。智慧教学平台能够根据教学内容、学生爱好及学习情况，为学生推送个性化的学习资源，帮助学生形成个人错题集，从而满足不同层次学生的个性化需求。三是变“一言堂”为“群言堂”。教师努力营造平等自主的学习氛围，将课堂还给学生。同时，学生通过智慧教学平台能够不受时间和空间的限制，充分表达自己的想法与感受。

二、交互式教学的基本特征

在推动教育信息化的环境下，交互式教学的概念具有丰富的内涵。正确理解交互式教学的内涵，需重点把握以下四个方面的特征。

（一）营造平等自主的学习氛围

交互式教学需要营造平等自主的学习氛围。在平等自主的学习氛围中，

“以学生为主体”是其核心思想。“以学生为主体”是指教师在教学过程中注重学生的主体地位，认识到学生参与课堂教学的重要性，充分发挥自身的主导作用，让学生成为教学的主角。教师在“以学生为主体”的教育思想的指导下，营造师生平等的教学氛围，使学生无压力地表达自己的想法，积极参与到课堂教学中来。在平等自主的学习氛围中，师生之间的距离得以拉近，师生、生生之间能够积极地讨论问题，产生思维碰撞。在交互式教学中，学生能发挥主体性，激发学习的积极性和主动性，主导学习的环节与步骤；教师要发挥主导作用，控制课堂教学的方向，引导学生自主学习、构建知识，从而提高课堂教学的效率与质量。

（二）有效促进学生的全面发展

交互式教学利用信息技术设计的微课、互动平台、游戏等内容改变了传统课堂教学的枯燥与沉闷，提升了课堂教学的互动性与趣味性。但从本质上看，构建与应用交互式教学的根本目的在于促进学生的全面发展，更好地培养学习型人才。因此，交互式教学要求教师在课堂上讲授高质量的内容，师生进行有效的互动，引导和启发学生自主学习、探究学习。课堂上的一切教学活动都是根据教学目的展开的，微课、游戏或者其他教学形式都只是教师为达到教学目的而采用的辅助手段，引导学生自主学习、促进学生全面发展才是交互式教学的根本宗旨。在交互式教学中，教师通过智慧教学平台分析学生的学习情况，并结合教学内容与学生的生活实际进行课堂教学，从学生的需求出发，使每一位学生都能进行个性化学习，得到提高与发展。

（三）实施精准化、个性化教学

在交互式教学的实践应用方面，通过智慧教学平台实施课前—课中—课后全过程的精准化、个性化教学：课前，教师利用智慧教学平台提供的学生预测数据，对学生的知识、能力等进行准确分析，优化教学预设，布置预习任务，如课前微课、课前练习，指导学生开展精准化的预习活动，并对学生进行预习测评。同时，智慧教学平台会根据大数据给学生推荐个性化的学习资源，增加学生对所学知识背景的了解。课中，教师根据学生预习测评反馈的数据，对教学内容、教学策略进行调整。在课堂练习中，教师通过智慧教学平台中的数据及时了解学生在课堂学习中存在的问题，并有针对性地对问题进行讲解，确保课堂教学有的放矢，实现以学定教，增强课堂教学的精准化和针对性。课后，教师通过智慧教学平台布置多元化、个性化作业，并对学生进行有针对性的课后辅导。同时，智慧教学平台还能记录学生的作业完成情况，收集学生的错题形成错题集，随机组成攻关练习帮助学生掌握知识，真正实现了因材施教。

（四）以多向交互打造高效课堂

要建立交互式教学的高效课堂，首先要确保课堂交互的多向性。教师仅仅教授知识，不需要学生互动的单向教学行为会降低学生学习的积极性，导致课堂教学效率低、质量差。多向交互，指在教学过程中，多个主体之间进行交流互动、交往互动，主要包含三个方面，教师与学生之间的交互、学生与学生之间的交互、学生与智慧教学平台之间的交互。教师与学生之间的互动采用线上和线下相结合的形式，学生与学生之间既可以进行线下互动，又可以利用智慧教学平台进行线上互动，学生可以通过文字、图像和语音等发表自己的观点。学生与智慧教学平台之间的互动则通过微课、知识游戏等形式进行。

第三节

交互式教学的价值与意义

基于“新、实、趣、活”要求的交互式教学，是一种新型的开放式课堂教学模式，有效地避免了传统课堂中存在的很多问题，学生的主体地位更加凸显、师生交流互动增加，教学信息化增强，教学质量不断提高。交互式教学对传统教学产生了深刻的影响，在教学实践中具有鲜明的“交互”特色和深远的应用价值，主要体现在以下几个方面。

一、有利于创设开放的学习环境

开放、自由的学习环境对学生的学习有着重要影响。湛江市第十六小学利用信息技术与网络资源构建智慧校园统一管理平台，对校园及教学过程中的活动进行智能化管理，使校园充分体现出智能特色、开放氛围。建设校园基础网络、日常办公管理等应用系统，构建高效的校园管理体系；采用高清视频监控、联网报警等应用系统，建立平安的校园环境体系；建设智能教室、远程互动教育、虚拟实验室等应用系统，打造领先的教学体系；建设校园一卡通、数字图书馆等应用系统，创设便捷的校园生活体系。在交互式教学中，学生的主体地位得以体现，师生关系平等民主，生生之间相互促进、相互启发。不论是充满开放气息的校园文化，还是自由平等的教学氛围，都以信息技术为媒介，处处为师生提供跨时间、空间交流沟通的机会及平台。经过努力，如今校园环境优美舒适、设施便捷安全，无处不彰显着学校信息化办学的特色。在这高效、智能、幸福集于一体的校园大环境中，师生沉浸于自由的学习中，这样的校园环境非常有利于开放学习环境的创设，有利于师生之间的交流沟通，有利于学生的健康幸福成长。

二、有利于促进课堂教学的变革

以“新、实、趣、活”为重要特色的交互式教学，其内容呈现方式、学生学习方式、教师教学方式和师生互动方式都与传统课堂教学有比较大的不同，课堂教学模式有了显著的变化：从以往单一枯燥地通过教材、课件展示到增加了生动有趣的微课、互动资源；从强调重复机械地记忆知识到重视自主灵活地理解与运用知识；从教师单向教授、学生被动接受转变为教师组织和引导学生自主学习、主动探索；从教师与学生之间单向灌输转变为师生之间、生生之间交流互动，相互促进。课堂教学流程也发生了比较大的变化：由“重教轻学”“以教定学”变为“以学为重”“以学定教”。课前，学生使用平板进行线上自主学习，完成教师布置的任务，教师根据智慧教学平台中的数据分析学情后调整教学计划，做到“以学定教”；课中，师生线上互动和线下互动相结合，教师根据学生的数据反馈与具体表现“顺学而教”；课后，学生以线上学习为主，教师通过智慧教学平台与数据库给学生布置分层化的作业并进行个性化解答，实现“为学而教”。

三、有利于激发学生的主观能动性

学生是学习的主人，教学应该激发学生的主观能动性，促进学生自主学习。在交互式教学中，师生的地位得以转换——从以教师为中心转变为以学生为中心，学生成为学习的主人。教师结合学生的生活实际与学习情况，通过创设情境等多种教学手段，激发学生学习的兴趣与动机，提高他们学习的自主性和主动性。在交互式教学中，学生进行自主学习与合作探究，教师则在学生学习的关键之处或疑难之处进行引导和启发。在交互式教学中，学生自由地表达，师生之间、生生之间交流互动，每个学生都可以发挥其主体性，展示自身的能力与特长，使知识与能力都得到提高。激发学生的主观能动性，培养学习型人才，是互渗互通的。激发学生的主观能动性，培养学习型人才，促进学生的全面发展，是湛江市第十六小学在教育实践中落实教育信息化任务的核心体现。

四、有利于促进师生的综合发展

学校以数字化教育资源共享平台为媒介，开展了一系列实践活动，使师生在交流互动中获得综合发展。在促进教师发展方面，开展信息技术培训，提升教师的信息化素养，利用平台让教师从重复的劳动中解脱出来，将主要精力放在课堂教学与职业发展中；通过平台培训、咨询服务，让教师学习先进的教育理念、教育方法，促进教师的专业成长。学校还提供集体教研、评课磨课等多种教研方式的应用支撑，各学科组还会定期开展教研活动、“一课三磨”活动，逐步提升教师的教研能力和水平。在促进学生发展方面，学校利用平台开展线上学习，让学生能跨时间、空间享受到优质的教育资源，加深对知识的理解与掌握。开展“棋行十六小，以棋会友”“我精彩、我运动”“快乐奉献，欢乐分享”等系列主题活动，让学生在实践中进一步促进自身能力的发展。

第四节

交互式教学的成果与启发

如今社会的发展与信息技术的关系越来越紧密，在教育信息化和“互联网+教育”的时代背景下，越来越多的人将信息技术引入教育改革和发展中，信息技术与教育教学的融合日益深化。顺势而生的交互式教学，以一种智能而开放的课堂教学形态，让校园充满了自主、平等、开放、自由的学习氛围。经过5年多的实践探索，收获颇丰，交互式教学对改革传统教学模式、创建学校办学特色产生了较大影响。

一、交互式教学的成果

（一）信息化校园建设，打造学校办学特色

信息化校园建设已成为推动国家教育信息化的重要组成部分。为了推进我校的信息化校园建设，我们建立了以云计算、物联网技术为依托的校园综合管理平台，从校园管理、校园环境、校园教学和校园生活四个方面构建应用体系。在校园管理方面，创建日常办公、信息安全以及能源资产管理等应用系统，对校园基础服务、安全、行政办公、教务后勤、能源资产等方面进行实时、高效的统一管理和控制；在校园环境方面，利用高清视频监控、联网报警、校车监控等应用设备，建立一套有效的安全防范系统，杜绝校园内的安全隐患；在校园教学方面，建立7间智慧教室，设置数字图书馆、远程互动教育、虚拟实验室等应用，对教学过程进行智能化的管理，满足师生教与学的需要；在校园生活方面，构建校园一卡通、校园新闻、校园广播、校园信息发布等信息应用系统，为师生的校园生活提

供便捷实时的应用服务，提高师生的幸福指数，家长也能借助该应用及时了解学生的学习情况，关注学校和学生的动态。

这些信息化建设受到了家长、学生和教师的肯定与欢迎。学校的信息化校园建设并不是应付任务的摆设，而是真正地应用到了师生的校园生活中。《湛江日报》、“湛江新闻网”等新闻媒体曾多次对学校的课堂教育及活动进行报道与宣传，如《市十六小学生线上朗诵致敬抗疫英雄》《坚守教师本色 潜心线上教学》等。同时，学校被评为湛江市青少年科学教育特色学校、全国教育信息化示范校，获得了大众的认可。

（二）交互式教学理念，带动教师交流学习

交互式教学以信息化教学理念为依据，基于此，湛江市第十六小学构建了数字化教育资源共享平台，使教师从不必要的机械劳动中解脱出来，把时间和精力放在课堂教学与自身发展中。同时，平台还提供具有丰富教育教学内容的应用案例，给教师带来了先进的教育理念、教育方法，有助于教师交流学习。通过集体教研、评课磨课等，教师能够更好地进行合作教研，切实提高教学水平与教学质量。2016 年，在湛江市赤坎区小学数学课堂教学比赛中，我校黄佩莉老师荣获一等奖。出色的教学成绩点燃了全体教师的学习热情，无论是课内还是课外，无论是语数英还是其他学科，都有一批努力学习、刻苦钻研的教师。交互式教学的信息化教学理念很好地促进了教师的交流学习。

（三）交互式教学形式，激发学生学习热情

交互式教学借助信息技术打破了传统的课堂教学形式，主要表现在内容呈现、教师教学、师生互动、学生学习四个方面。在内容呈现方面，教学内容不再是以往单一的课本和课件展示，更多的是以微课、游戏、趣味互动等形式展现，提升了学生的学习兴趣；在教师教学方面，从教师单向

地教授转变为教师更多地给予学生表达思想、展示自我的机会，师生之间、生生之间交流互动，激发了学生学习的动力；在师生互动方面，除了提问外，更多的是利用游戏、合作互动等轻松有趣的形式，缓解学生的紧张感，提高了学生课堂学习的参与度；在学生学习方面，从让学生机械背诵知识转变为鼓励、引导学生发现问题、主动探索，重视学生对知识的理解与运用，增强了学生学习的积极性。

经过交互式教学，试点班的学生由以往的被动学习转变为自觉主动地参与学习全过程，体现出对学习的无限热情。同时，试点班学生的思维更活跃，信息素养优于同年级的非试点班学生。在 2017 年小学毕业测试中，试点班的语文、数学平均分比非试点班的平均分高出五六分，英语高出 10 分。在湛江市培才学校初中免交学费测试中，在 2500 名考生中试点班 3 名学生进入前 10 名，其中一人获得第二名。

（四）交互式教学模式，提高课堂教学质量

交互式教学模式通过智慧教学平台实施课前—课中—课后全过程的精准化、个性化、多向化教学。教师利用智慧教学平台中学生课前、课中、课后的作业完成情况对学情进行分析，结合教学内容与学生学习上存在的问题进行精准化教学。学生通过智慧教学平台上的慕课、数字图书馆、资源推送、错题集等进行个性化学习。在教师的引导下，学生可以利用智慧教学平台与教师、同学以及教学资源进行跨时间和空间的多向交流互动。

交互式教学切实提高了教学质量，得到大众的肯定。2016 年，在广东湛江："'云课堂'引领湛江教育信息化发展新征程"会议上，湛江市第十六小学进行经验介绍和成果展示，受到与会领导和校长的肯定与赞扬。2018 年，学校已由一个试点班扩充到每个年级一个（一年级两个），共七个实验班。2019 年，学校信息化规划在全校普及常态化课堂。

（五）交互式教学研究，获得丰硕教研成果

湛江市第十六小学为省、市、县三级信息技术与教育教学融合项目的试点，于是学校将此作为研究课题，带动科研的发展，培育教育教学改革创新“种子项目”，并在区域内辐射推广。

经过5年的实践探索，学校在交互式教学研究中取得了不错的成果，其表现之一就是论文、奖项等成绩斐然——发表论文10多篇，有关信息化与教育教学深度融合的课题7个，分别获得省、市、区的立项。省级课题有“对小学五年级语文翻转课堂——课前自主学习的策略研究”“基于信息技术的应用促进教师专业成长的研究”“微信环境下语文综合性学习创新实践与研究”“教育信息化环境下城乡一体化互动教学的探究”等。其中“教育信息化环境下城乡一体化互动教学的探究”获批2018年度广东省基础教育信息化融合创新示范培育推广项目，对推进学校的信息化校园创建工作起到重要的引领作用。

二、交互式教学的启发

经过多年的探索、实践与完善，在交互式教学方面湛江市第十六小学不但取得了不错的教学成果，还积累了许多宝贵经验。之后，这些经过不断验证、完善和总结的经验将被广泛地应用于课堂教学中，进行提升与深化，继续为完善交互式教学服务。交互式教学将结合学校特色、教师特点和学生兴趣，构建符合社会发展需要、满足学生发展需求的新型开放的教学模式以及创新、科学的教学方法，以供其他学校参考借鉴。

（一）建设信息化校园应用体系

校园信息化是实现校园现代化的基础，将信息技术应用在校园建设中是推动教育改革的必然选择和必要措施。信息化校园建设得好，学校的教

育管理和服务水平也会随之提高，教学质量也会随之得到提升，学校的综合实力也能得到加强。因此，湛江市第十六小学力图打造信息化校园，形成信息化办学特色。打造信息化校园，要求对信息化校园应用体系进行合理规划，在相关理论指导下，逐步落实建设，在校园的管理、教学、服务等方面实现数字化、信息化、网络化，从而提高办学质量、办学效益和科研水平。信息化校园应用体系主要包括校园管理体系、校园环境体系、校园教学体系、校园生活体系，四者相互配合、相互补充，共同打造高效、智能、幸福的信息化校园。

1. 高效的校园管理体系

校园管理体系是信息化校园应用体系中一个重要的组成部分，是推动信息化校园建设的重要途径，对形成信息化办学特色有着重要的影响与作用。校园管理体系是依托学校信息化平台，通过建设校园基础网络、日常办公、信息安全、能源资产管理等应用系统，为提高学校科学管理决策而构建的支撑体系。校园管理体系能对校园的基础服务、安全、行政办公、教务后勤、能源资产等方面进行实时、高效的统一管理，从而提高学校管理的质量、效益以及效率。

2. 平安的校园环境体系

安全的校园环境是校园建设的核心内容，也是学校开展各项工作的前提。校园环境体系主要包括两部分：一部分为建立高清视频监控、一键联网报警、校车定位监控以及访客实名制管理等应用系统；另一部分为通过LED电子屏播放各种安全教育视频以及扫黑除恶宣传片，加强学校保安的警惕意识和保卫工作，完善安全管理规定，制订“突发事件应急预案”。校园环境体系能够有效地杜绝校园内的各种安全隐患，为师生提供平安的校园环境。

3. 智能的校园教学体系

信息化校园教学体系具有共享与辅助的特征，是交互式教学的延伸、拓展，它以激发学生的学习热情和满足学生的学习需求为主要目的，旨在辅助教师的教育教学。为了更好地衔接交互式教学，结合学校师生的实际情况和特点，校园教学体系主要构建了三大内容：一是共享优质教育资源。通过智慧教学平台有效地把优质教育资源进行数字化收集与整理，进行有规则、有管理的共享，形成优质教育资源的共建、更新、共享体制，保障教育资源的优质性和实用性。二是辅助教师教育教学。智慧教学平台中的教学资源丰富，能给教师备课提供深入的支持和服务。同时，通过智能教室、远程互动教育、虚拟实验室等应用系统，辅助教师进行课堂教学。三是满足学生学习需求。智慧教学平台中不仅有慕课、数字图书馆等丰富的资源，可以满足学生对学习资源的需求，还能根据学生的学习情况及心理特征，针对每一个学生形成错题集，为其推送相关的趣味学习资源，激发学生的学习兴趣。智能的校园教学体系切实提高了教师的教学质量，满足了学生自主学习的需求。

4. 便捷的校园生活体系

便捷的校园生活体系不仅可以方便校园集中统一管理，还可以提高师生校园生活的幸福指数。为了构建便捷的校园生活体系，我校建设了校园一卡通、数字图书馆、校园广播、校园信息发布等应用系统，从各个方面给师生提供便利。校园生活体系将资源进行合理规划、合理分配、合理利用，实现了资源和服务的信息化，对学校各项工作及师生的工作、学习与生活产生了深远影响。

（二）深化交互式教学

传统教学模式很难满足社会发展对学习型人才的要求，这意味着必须打造出能够满足社会发展需要和促进学生全面发展的新型开放的课堂教学模式。交互式教学是信息技术与教育教学深度融合的产物，是课堂教学模式的创新与发展。深化交互式教学能够提高课堂教学的质量，促进学生的全面发展。

1.教育资源丰富化

学校在国家、省教育资源平台，人民教育出版社以及购买的数字资源库等平台中搜索优质资源，然后将其整合到学校智慧教学平台资源库中，以名师制作的微课、编制的练习等作为补充，并实时更新，以保障教育资源的优质性和实用性。因此，学校的教育资源很丰富，具有可供学校所有班级使用的优质教学案例，任课教师可适当微调或直接引用，能满足教师的各种教学需要。同时，数字图书馆、慕课等各类网络学习资源丰富，能满足学生学习的多种需求。

2.课堂互动多向化

在传统课堂教学中，教师灌输，学生被动学的单向课堂教学模式会降低学生学习的积极性，导致课堂教学质量和效率低下。在交互式教学中，教师与学生之间、学生与学生之间、学生与教学平台之间多向化交互，极大地提高了学生的课堂参与度。教师与学生之间、学生与学生之间的互动采用线上和线下相结合的形式，学生与教学平台之间的互动则通过微课、游戏等形式进行。课堂互动的多向化开放了课堂学习的过程，让学生感受到学习的乐趣，提高了学习的积极性。

3.教师教学精准化

在交互式教学中，教师利用智慧教学平台实施课前—课中—课后全过程的精准化教学。课前，教师利用智慧教学平台上学生的学习数据，对学生的知识、能力、偏好等进行准确分析，进而优化教学设计，布置预习任务，指导学生开展精准化的预习活动；课中，教师通过智慧教学平台中的数据及时了解学生课堂学习中存在的问题，对教学内容进行调整，确保课堂教学有的放矢，精准地引导学生学习，提高学生多方面素质，促进学生全面发展；课后，教师通过智慧教学平台布置多元化作业，并对学生实施有针对性的课后辅导。交互式教学跨越了时间和空间的限制，利用信息技术让教师的教学更加精准化。

4.学生学习个性化

交互式教学注重学生的自主学习，注重满足学生的个性化学习需求。智慧教学平台不仅可以根据学生的学习情况，推送相关拓展性学习资源，还可以记录学生的作业完成情况，收集学生的错题形成错题集，随机组成攻关练习帮助学生掌握知识，真正实现因材施教。同时，智慧教学平台还有数字图书馆、慕课等丰富的资源，可供学生学习，能满足不同层次学生的学习需求。交互式教学摆脱了传统课堂中学生被动学习的状态，使学生有兴趣、有方法地进行自主学习，拓展了学习的广度和深度。

（三）培养持续成长的现代化教师

教育现代化需要培养持续成长的现代化教师，教师是学生的榜样，对学生的学习与成长有着重要影响。具有现代化理念的教师能够更好地提高课堂教学质量，促进学生全面发展。

1. 搭建多种交流平台，提高教师的专业素养

教师需要与时俱进，不断更新教学观念，丰富自身学识，提高教育教学能力。然而人的思维具有局限性，通过搭建多种交流平台，产生思维的碰撞，对教师专业素养的提高有着巨大作用。湛江市第十六小学智慧教学平台提供了具有丰富教育教学内容的应用系统，为教师带来了先进的教育理念、教学方法，能促进教师交流学习；学校会定期开展各学科组的课堂教学竞赛，让教师在比赛中相互交流，相互学习，相互促进；通过集体教

研、评课磨课等多种方式，促进教师合作研究，提高教学水平。多种形式的交流平台切实提高了教师的专业素养与教学水平，促进了教师成长。

2. 学习信息技术，掌握高效教学的技能

信息技术飞速发展，对教育教学产生了重要影响。教师需要学习现代信息技术，掌握高效教学的技能，并将其灵活地运用到课堂教学中，以适应新时代对教师提出的要求。这便要求学校围绕课堂教学方式的根本转变，开展信息化应用培训，提升广大教师的信息化应用能力。学校应该提供相应的信息化培训机会，为教师学习信息技术提供有利的条件。如组织教师到珠三角等地区学习，聘请广州信息化教育专家和名师对学校教师进行培训和指导，提高教师使用信息技术的能力及信息化素养。除此之外，学校还应该组织信息化课堂教学比赛，让教师在比赛中利用信息技术和丰富的网络资源开展高效教学，提高自身的信息技术应用能力，从而打造一支能在信息环境下高水平开展教学的教师队伍，顺应社会发展的要求。

（四）培育全面发展的现代化人才

知识经济时代，知识的增长变化十分迅速，对国家和社会的发展有着重大而深刻的影响。这便要求学校必须促进人的全面发展，这不仅是知识经济时代的必然要求，也是培育现代化人才的必然要求。教师通过交互式教学中的多向化交互，能促进学生自主学习，发展学生的核心素养，培育全面发展的现代化人才。

1.促进自主学习

交互式教学注重学生的自主学习，尝试通过课堂的多向化交互促进学生自主学习。在教学中，教师应结合学生的生活实际与学习情况，通过创设情境、播放微课等多种教学手段，激发学生学习的兴趣与动机，提高他们学习的自主性和主动性。同时，在教学过程中，教师应引导学生通过思考去获取知识，而不是直接把结论告诉学生。交互式教学采用“探索—自主建构”“交流与合作”的学习方式，给予学生自主学习与合作探究的机会，教师只进行引导和启发，旨在培养学生独立思考、合作探究的能力，促进学生掌握自主学习的技巧与方法。

2.发展核心素养

随着促进学生全面发展理念的深入人心，学生核心素养的发展成为课堂教学中的重要导向。学生核心素养的发展，一方面要求课堂教学既要关注学生知识、技能的发展，又要注重学生思想情感和道德品质等方面的发展；另一方面，要求教师在顺应学生身心发展规律的基础上培养学生的核心素养。在交互式教学中，课堂中的一切教学活动都是依据教学目的开展的，微课、游戏等教学形式只是教师为达到教学目的而采用的辅助手段，促进学生核心素养的发展才是目的。教师通过智慧教学平台分析学生的学习情况，并结合教学内容与学生的生活实际进行课堂教学，打破学科之间的壁垒、课堂内外的局限，从学生的需求出发，使每一位学生都能沿着符合自身成长规律与性格特点的路径进行学习，发展与提高学生的核心素养。交互式教学致力于学生核心素养的培养，旨在使学生的个人发展与社会发展需求相适应，培育全面发展的现代化人才。

第二章
语文交互式教学模式及经典案例

第一节

语文交互式教学模式

一、语文交互式教学模式概述

（一）基本理念

语文交互式教学强调学生的自主学习，借助信息化教学工具支持语文教学。通过互动、高效的教学过程，推动教学目标的达成，提高学生对新知识的整体把握，激发学生学习的积极性。此外，语文交互式教学结合时代特色，充分利用信息化手段整合教学资源，改善教学环境，创新教学方式，强调在教学中展现语文学科的魅力，引导学生提升语文素养，使学生在合作探究中提升思维水平，促进语文能力的综合发展。

（二）教学方法

1.制订教学目标，提升学生语文素养

《义务教育语文课程标准（2022 年版）》指出："语文课程致力于全体学生核心素养的形成与发展，为学生学好其他课程打下基础；为学生形成正确的世界观、人生观、价值观，形成良好个性和健全人格打下基础；为培养学生求真创新的精神、实践能力和合作交流能力，促进德智体美劳全面发展及学生的终身发展打下基础。"[1] 语文教学可以通过教学目标的设定与实现提升学生的语文素养，培养学生的语文素养对促进学生的发展具有十分重要的影响。在语文教学中，应围绕核心素养培养制订教学目标，提高学生的语文能力，促进学生的个性发展。

2.开展语文探究活动

语文探究性学习是一种符合教学改革和素质教育需要的全新的教学理念与教学方式，突出了学生的课堂主体地位，让学生在小学语文教学中不再完全依赖教师，而是积极主动地思考和探究问题。[2]语文探究活动应基于教学目标进行创设，以学定教，激发学生的创造性和自主性，进而提升语文教学的有效性。语文探究活动的开展重在引导学生充分发挥想象力，开放性地进行思考，使学生的语文学习更生动；要充分发挥语文探究性学习的优势，灵活推进语文探究活动的开展。

3.将信息技术融入语文课堂

“交互”是基于媒介产生的双向沟通，语文交互式教学将语文知识的学习与信息技术融合起来，以培养学生创造性思维和解决问题的能力。语文特级教师支玉恒说过，教育的现代化最根本的是教育观念的现代化。《义务教育语文课程标准（2022年版）》指出：“积极利用网络资源平台拓展学习空间，丰富学习资源，整合多种媒介的学习内容，提供多层面、多角度的阅读、表达和交流的机会，促进师生在语文学习中的多元互动。充分利用网络平台和信息技术工具，支持学生开展自主、合作、探究性学习，为学生的个性化、创造性学习提供条件。发挥大数据优势，分析和诊断学生学业表现，优化教学，提供及时、准确的反馈和个性化指导。”[1]。加强课堂教学与信息技术之间的融合，需要及时将网络环境中的海量资料引入语文教学中。语文交互式教学着力于满足学生的语文学习需求，推动学生语文学习的发展，提高学生语文学习水平，充分发挥学生在学习过程中的主体作用，使学生掌握语文知识，提高语文能力。

（三）基本特征

1.充分激发自主性

语文交互式教学一改传统课堂上以“讲与受”“教与学”为主的教学

方式，强调调动学生的主体性与积极性，在课前预习、课后复习中对学生的自主学习进行资源补充。学生在预习及复习中产生的疑问，可通过学习平台发给教师，教师在师生互动的过程中进行答疑辅导。问题是学生提出的，是学生在学习过程中遇到的，这就把“要学生学”变成了“学生自己要求学”，这一过程充分发挥了学生的自主性，而在整个答疑解惑的过程中，教师发挥了辅导和引导的作用。以学生为主体，教师为辅助的教学形式，成为提高学生自主学习能力，培养学生创新思维与创新能力的一种全新途径。

2.有效提高互动性

师生互动和生生互动是课堂教学中最主要的互动形式和途径，但传统课堂教学在某种程度上限制了互动的发生，主要表现在：互动类型少、形式单一；互动深度不够、师生行为失衡。而语文交互式教学需要全方位互动，师生双方的互动以师生和媒体、资源的交互为基础，根据语文学科的特点、教学内容、教学环境等融合多种交互技术，构建高效互动课堂，教学过程不再是教师的“一言堂”，而是通过有效整合资源，实现师生、生生、师生与平台之间多形式、全方位的互动。在交互式教学模式下，教师重视学生的差异，设计有梯度的学习内容，改变了学生被动学习的状态，真正做到了师生互动、生生互动。

3.逐渐凸显高效性

语文交互式教学利用信息技术打破了时间和空间的界限，建立了开放的教学环境，课堂教学不再局限于有形的教室中，教学活动的空间和时间得到了无形的扩展和延伸。学生学习的也不再只是课本中的知识，不再局限于听自己班上的教师讲课，还可以从外校乃至名校的教师那里得到指点，将课内和课外融为一体，不再受时间、空间的限制。教师充分挖掘交互学习平台的功能特性，借助交互学习平台让提问形式多样化，极大地解决了传统教学中练习题型单一、枯燥的问题，使学生厌烦练习的现象得以改变。此外，这也在很大程度上方便了教师，节省了教师课堂板书的时间和精力，使生成和预设有机结合起来，促进了语文高效课堂的形成。

二、语文交互式教学模式的基本流程

语文交互式教学模式主要包括资料推送、以情入境、学习新知、质疑拓展、总结提升五个环节。以教学目标为导向，推进语文探究活动，以合作讨论的形式，培养学生识字、写字、阅读、写作、口语交际等语文能力。语文交互式教学模式的基本流程如图所示。

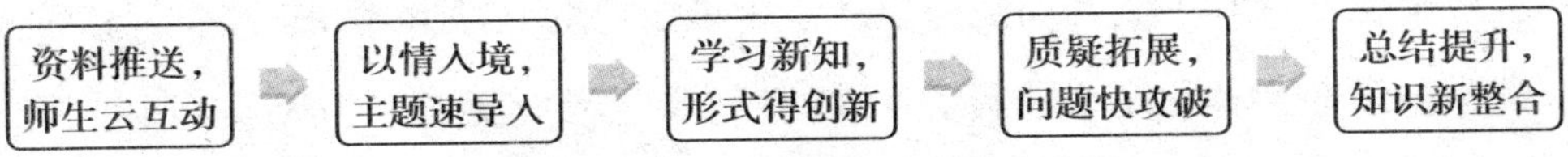

图1　语文交互式教学模式的基本流程

1.资料推送，师生云互动

课前，教师可根据实际情况选取合适的内容编制课前导学案发送给学生，引导学生提前预习。教师根据导学案完成情况了解学生的课前知识水平，再根据了解到的情况进行有针对性的教学设计。学生可以通过学习平台完成预习任务，通过学生端在线提问与讨论，实现师生的云互动。

2.以情入境，主题速导入

借助交互学习平台创设生动的学习情境，导入本节课的主题，激发学生的学习兴趣。在这个过程中，根据学生的学习特点，将教学内容与学生熟悉的生活素材联系起来，调动学生学习的积极性，引导学生进入学习状态，积极参与到课堂教学中来，实现课堂教学主题的快速导入。

3.学习新知，形式得创新

在教学中以电子白板为媒介进行师生实时互动，教师通过教师端实时监测学生在线学习的情况和状态，通过电子书包系统以随机点名的方式与学生互动，给予每个学生均等答题的机会，这便在一定程度上调动了学生学习的积极性。此外，教师还可以通过电子书包系统对学生的答题情况及时进行反馈，并调整自己的课堂教学策略，以充分体现学生的主体地位。

4.质疑拓展，问题快攻破

语文教学应关注学生的疑难、疑虑，本着以学生为主体的原则，以问题为主线的规律，引导学生交流讨论，分享学习经验。在这一过程中，教师能及时了解学生的知识掌握情况，发现学生存在的问题，从而巧妙组织学生进行合作交流，使学生的问题及时得到解决。

5.总结提升，知识新整合

课堂中的总结提升对学生进行知识点整合发挥着重要的作用，有利于学生进行重点内容的巩固，也有利于教学效果的提高。引导学生针对本节课的所得所感发言，并有针对性地进行强调，帮助学生加深印象，实现知识的内化。

三、语文交互式教学的提升要点

（一）注重内容和形式的有机统一

语文是一门工具性和人文性相统一的学科，它能够培养学生的情操，拓宽学生的知识面，开阔学生的视野。语文课堂教学内容涉及很多方面，其特点也不尽相同。而各种不同的教学方式、方法各具特点，如果不加区分地应用，则无法发挥其作用。因此，在教学过程中要针对不同的教学内容，选择浅显易懂、学生易于接受、具有吸引力的教学方式和方法，注重内容和形式的有机统一，从而使不同的教学方式、方法更好地发挥作用，使不同的教学内容更好地被学生接受，进而提升教学效果。

（二）促进不同评价方式的结合

教学评价有助于教师开展有针对性的课堂教学。通过不同的教学评价方式，教师可以从不同角度、不同层面了解课堂的教学效果。比如，借助系统形成的学生专属学习档案，对自己的教学过程进行观察、反思和调整，及时进行自我评价和反思；通过过程性评价及时调整课堂教学方向和策略，有针对性地开展教学，从而提高课堂教学质量和效率；课后评价是检测学生学习效果的主要依据，通过教师端布置形式多样的课后作业，有利于贯彻因材施教的原则，提升教学质量。

（三）重视教学过程的设计与优化

教学过程的设计直接影响甚至决定着课堂教学效果。小学语文教材具有很强的生活性和教育性，在教学中应引导学生联系生活实际学习课文，利用身边的生活资源帮助学生理解教学内容，深化认识。教师作为学生学习过程中重要的引路人，需要扮演好引导者的角色，要根据学生的实际情况和学习兴趣对教学过程进行设计与优化，注重引导学生对课文进行初读，对文本内容进行体验，注重知识的拓展以及学生情感的激活，帮助学生在理解的基础上去积累和运用。因而，在语文交互式教学中，教师要以培养学生核心素养为指导，不断创新课堂教学，提升学生的学科素养和能力，促进学生的全面发展。

参考文献：

[1] 中华人民共和国教育部 . 义务教育语文课程标准（2022 年版）[S]. 北京：北京师范大学出版社，2022.

[2] 崔倩，王玉杰 . 小学语文教学开展探究性学习的策略研究 [J]. 中国校外教育，2020（02）：96－97.

第二节

语言构建与应用

——以《富饶的西沙群岛》的教学为例

一、教学设计

（一）设计理念

近年来，湛江市第十六小学致力于智慧课堂教学研究。语文交互式教学模式的应用是智慧课堂的一个重要体现，注重将先进的信息技术引入语文课堂，力图达到信息技术、教学内容、学生与教师四个要素的整合。本课尝试通过语文交互式教学模式引导学生进行语言构建与应用，使学生借助信息技术认识西沙群岛优美的风景和富饶的物产，感受课文语言的美，让学生在感受、发现与体验中“畅游”西沙群岛。

（二）教学目标

1.知识与技能

（1）通过学习，会认 10 个生字，会写 13 个生字；能正确读写“风景优美、物产丰富、五光十色”等词语。

（2）能够有感情地朗读课文，背诵自己喜欢的段落，积累文章中的好词佳句。

2.过程与方法

（1）通过小组学习，培养合作学习能力，进行大胆质疑和语言表达能力训练。

（2）能读懂课文内容，了解西沙群岛是个美丽富饶的地方。

3.情感态度与价值观

通过学习课文，感受西沙群岛的美丽富饶，培养热爱祖国的思想感情。

（三）学情分析

三年级的学生已经具备了初步自主阅读的能力，他们思维敏捷、学习主动性强，并掌握了一定的学习方法；能较好地理解祖国的语言文字，有积累语言的积极性，语感较强，有独特的语言感悟能力和较高的朗读水平，能针对画面用自己的语言尽情地表达所思、所感；具备一定的计算机操作能力，能够独立通过多媒体收集与西沙群岛有关的图片和文字资料。但因与西沙群岛相距数千里，学生很难有实际的感受，对海里鱼的品种、数量之多，缺乏感性认识。为此，教师应在教学中充分利用湛江的地理优势，将课文内容与学生生活联系起来，发挥信息技术的作用，帮助学生理解课文的语言和情感。

（四）教学内容分析

1.教材内容分析

这篇课文是统编版小学语文三年级上册第六单元中的一篇精读课文，通过介绍西沙群岛的地理位置和它的美丽富饶，表达了作者对西沙群岛的热爱之情。课文是从三个方面对西沙群岛进行介绍和说明的。先讲西沙群岛的位置；再从海水、海底、海岛几个方面具体介绍西沙群岛的风光和物产；最后写西沙群岛将会变得更加美丽和富饶。为了生动描述西沙群岛，作者运用了比喻和拟人的修辞手法，不仅给学生以美的享受，使学生积累了好词佳句，还让学生在体会我国南海水域的广阔与富饶，感受西沙群岛的美丽风光中，陶冶了情操，提高了审美能力。

2.教学重难点

教学重点：通过理解词句，了解西沙群岛的海水色彩和海域物产，感知西沙群岛的美丽富饶；学习优美语句，积累好词佳句。

教学难点：运用教学软件，通过自学提示和自我测试，理解课文内容，在人机互动与师生互动中体会西沙群岛的优美风景和丰富物产，激发热爱祖国的情感。

（五）教学模式与策略设计

教学方法：创设情境—讨论合作—拓展延伸—教师总结。

教学模式：采用基于信息技术教学平台的交互式教学模式，人机互动，师生互动。

本节课主要借助信息技术教学平台进行交互式教学，教师根据本课的教学重难点组织教学活动，学生在课前根据教师布置的预习任务，自主上网搜索海底生物信息，初步学习课文。在课堂上，教师运用多媒体课件将抽象的课文内容形象化，将静态的课文内容动态化，将课文内容与现实生活加以联系，在人机互动与师生互动中激发学生的思维，培养学生的情感。本节课教学，要充分发挥信息技术的优势，进一步增强学生的语文能力，充分调动学生自主体验和自主运用信息技术的积极性。

以下为本节课的具体教学策略。

课前——教师发放导学案并布置预习任务，收集关于西沙群岛的图文资料制作小视频；学生自读课文，自学生字词，并根据预习任务自主上网搜索海底生物信息。

课中——首先，教师通过展示西沙群岛风光的小视频创设情境，激发学生的学习兴趣和求知欲，由画入文导入新课，调动学生学习的内驱力，进而自然地引出本课主题。接着，借助交互学习平台了解学生的生字词学习情况，并根据学生存在的问题强调语音语调与书写要点，学生通过自主学习、合作学习、答疑解惑对文本进行多元解读与欣赏，了解西沙群岛的海水色彩和海域物产，感知西沙群岛的美丽富饶；积累好词佳句，使学生的自学能力得到提高，合作意识得到培养。最后，借助填空练习，指导学生用“有的……有的……有的……”练习说话。

课后——根据教学目标、学生实际将必做作业设计为“背诵喜欢的段落，摘抄好词佳句”；选做作业设计为“根据你的理解和想象画出西沙群岛的优美风景”。

（六）教学活动设计

<table>
<tr><th colspan="2">教学环节</th><th>教师活动</th><th>学生活动</th><th>组织形式</th></tr>
<tr><td colspan="2">课前</td><td>1. 通过教师端发送预习任务：自读课文与生字词，并根据预习任务自主上网搜索海底生物信息与西沙群岛的自然风光
2. 收集关于西沙群岛的图文资料制作小视频</td><td>1. 通过学生端接收预习任务，自读课文与生字词并根据预习要求自主上网搜索海底生物信息
2. 发送预习检测作业</td><td>教师通过交互学习平台布置预习任务，学生通过学生端发送预习检测作业，以便教师了解学生的预习情况</td></tr>
<tr><td rowspan="2">课中（多元化的及时评价）</td><td>环节1：视频导入，创设情境</td><td>1. 播放自制的西沙群岛风光小视频，创设情境，由画入文，调动学生学习的内驱力，自然地引出本课主题
2. 借助交互学习平台了解学生的生字词学习情况，并根据学生存在的问题强调语音语调与书写要点</td><td>1. 观看西沙群岛风光小视频，感受西沙群岛的美丽富饶
2. 关注预习中存在的问题，纠正语音语调，掌握生字词的书写要点并做好笔记</td><td>教师展示学生易错题，学生进一步巩固生字词</td></tr>
<tr><td>环节2：分段学习，赏析课文</td><td>1. 提出中心问题，并播放视频，组织学生朗读全文，寻找答案：课文从哪些方面对西沙群岛进行了描写
2 引导学生品析好词佳句，让学生将喜欢的好词佳句通过学生端传送至平台，并说明喜欢的理由；展示学生推送的好词佳句，引导学生有感情地朗读</td><td>1. 学生朗读课文，并找到中心问题的答案
2. 在教师的引导下分段学习课文，将自己喜欢的好词佳句通过学生端传送至平台，并说明喜欢的理由</td><td>教师抛出问题，学生组内、组间交流，通过学生端发送答案</td></tr>
</table>

续表

教学环节		教师活动	学生活动	组织形式
课中（多元化的及时评价）	环节3：答疑解惑，知识拓展	1. 鼓励学生提出问题并通过交互学习平台归纳问题，以“追因”的姿态推动学习进程，组织学生踊跃回答，各抒己见 2. 引导学生在合作中质疑，突出教学重点	1. 提出疑问并通过学生端发送给教师 2. 小组合作讨论并派代表分享讨论结果，针对其他组的汇报进行质疑、补充、评价	教师组织、统筹课堂，学生发言、倾听、质疑、补充，思维碰撞
	环节4：总结延伸，情感升华	1. 让学生说说对西沙群岛的新认识 2. 出示课件：“随着祖国建设事业的发展，可爱的西沙群岛，必将变得更加美丽，更加富饶。”进行总结与情感升华，组织学生深情地朗读	1. 介绍自己对西沙群岛的新认识 2. 有感情地朗读：“随着祖国建设事业的发展，可爱的西沙群岛，必将变得更加美丽，更加富饶。”	教师组织学生发言与朗读

（七）练习设计

课中：通过自主思考和小组讨论，对优美句段进行赏析。

课后：完成练习册；围绕“那里风景优美，物产丰富，是个可爱的地方”，用一段话描写自己熟悉的地方。

“授人以鱼不如授人以渔”，教学时应体现学生的主体地位，引导学生系统地对方法、知识进行思考与总结概括，这有利于加强学生对写景技巧的掌握，使之能够更清晰、更自觉地将这些方法运用到课外阅读与写作中，进而提高阅读的效率与写作的质量。

以上均为必做任务，教师批改后将优秀作业以美篇形式上传至交互学习平台，供学生借鉴学习。课后小练笔部分，旨在引导学生将语文学习与生活融合起来。

（八）评价设计

课前检测：通过信息技术教学平台统计的数据以及学生上交的作业，

初步掌握学生的学习情况，调整教学设计。

课中提问、小组讨论与汇报：自我评价与他人评价相结合。通过不同的教学环节，激发学生的思维和学习兴趣。在赏析优美句段的过程中，教师记录学生的问答情况，注重过程性评价。

课外练习：通过习题巩固提升，教师据此了解学生对本课内容的掌握情况。围绕“那里风景优美，物产丰富，是个可爱的地方”，用一段话描写自己熟悉的地方，旨在考查学生的知识迁移能力，是教学评价的重要依据。

二、教学实际过程描述

《富饶的西沙群岛》一课的交互式教学分为四个环节，其中后三个环节是主要环节。

环节 1（视频导入，创设情境）：教师先播放自制的西沙群岛风光小视频，创设情境，由画入文，调动学生学习的内驱力，自然地引出本课的主题；接着借助交互学习平台了解学生的生字词学习情况，并根据学生存在的问题强调语音语调与书写要点，使学生在纠错过程中进一步巩固字词。

环节 2（分段学习，赏析课文）：首先，教师提出中心问题：课文从哪些方面对西沙群岛进行了描写？学生有感情地朗读课文，找出中心问题的答案。接着，教师引导学生品味好词佳句，让学生将自己喜欢的好词佳句通过学生端上传至平台，并说明喜欢的理由，教师展示学生推送的好词佳句，引导学生有感情地朗读。

环节 3（答疑解惑，知识拓展）：学生提出问题，教师归纳问题并加以引导，以“追因”的姿态推动学习进程，组织学生回答，引导学生各抒己见，在合作中质疑，从而突出教学重点。

环节 4（总结延伸，情感升华）：教师组织学生说说学习了本课后对西沙群岛的新认识，增加学生对西沙群岛的喜爱之情；随后，教师出示课件：“随着祖国建设事业的发展，可爱的西沙群岛，必将变得更加美丽，更加富饶。”升华情感，激发学生对祖国的热爱。

三、学生收获

学生的学习成果主要通过练习册以及小练笔的形式呈现。从学生的习题完成情况来看，本次交互式教学取得了不错的效果，学生能对精彩、优美的句段进行赏析，抓住要点写出自己的理解，掌握描写的技巧。在进行习题讲解时，学生依旧表现出热情。可见，本节课不仅达成了学习目标，也让学生保持了较高的积极性和参与度。

四、教学反思

《富饶的西沙群岛》是一篇精读课文，全文围绕题眼“美丽、富饶”展开，条理清晰、结构严谨，构段句群典型且多样，遣词用语精确且具体，是教学生写作很好的凭借。

本次教学，我以学生的认知和理解程度为出发点，关注学生的个性特征。课堂上引导学生自主思考、讨论探究、小组汇报，通过人机互动与师生互动的方式获取知识，极大地发挥了信息技术对语文课堂的推进作用。除此之外，小练笔还是学生表现个性的重要方式，通过小练笔，不仅让学生将本课知识与生活经历相联系，还帮助学生发现、感受、鉴赏和挖掘了生活中的美。本节课的教学目标顺利完成。

第三节

思维发展与提升

——以《火烧云》的教学为例

一、教学设计

（一）设计理念

本案例在设计之初就考虑了怎样将互联网与语文课堂有效结合、将教学情境与所学知识有效融合，从而既有效展示语文课堂教学的高效性，又能够增加语文学科的表现力。基于信息技术的交互式教学模式，利用信息技术手段和资源增强学生的感官体验，培养学生的朗读技巧，让学生体会并感受到课文的意境与语文的表现力，激发、释放学生内在的诗意。

（二）教学目标

1.知识与技能

（1）会认 8 个生字，会写 12 个生字。

（2）有感情地朗读课文，通过朗读、想象、交流理解课文内容，感受、了解火烧云的绚丽多彩和美妙奇异的变化。

2.过程与方法

能够在观察中抓住事物的特点进行大胆想象，培养想象力。

3.情感态度与价值观

对观察大自然感兴趣，培养热爱大自然、热爱生活的情感。

（三）学情分析

通过对本单元前几篇写景文章的学习，学生对写景文章的写作技巧、结构等都有了一定的认识，因此，本篇文章，可放手让学生去学，给学生自主学习的时间和空间。同时，对于天空中的云朵，学生并不陌生，在课前，可让学生进行观察，这样更有助于学生的学习与教学的拓展。根据学生的特点，采用多种教学方法和电教化手段进行教学，使学生感受火烧云的美，培养学生热爱大自然的思想情感。

（四）教学内容分析

《火烧云》是统编版小学语文三年级下册第七单元中的内容。课文描绘了夕阳西下时，天空中火烧云颜色和形状的变化，表现了人们对生活、对大自然的喜爱之情。全文以“变”字统领全篇，且节节有“变”，使自然之美、人与物之美在“变”中表现得淋漓尽致，是一篇非常优美的写景之作。全文结构完整，层次清晰；内容丰富，富于变化；语言富有韵律美，清新动人。文中景物美和语言美有机地融为一体，让读者充分领略了火烧云这一自然景象的绚丽多彩。

本课的教学重点设计为“了解课文是怎样描写火烧云颜色和形状的变化的，并会对景色进行描写”。三年级学生的想象力和语文水平仍处在培养阶段，因而，将教学难点设计为“感悟火烧云的绚丽多彩和丰富多变，想象作者所描绘的画面，培养对大自然风光的无限热爱”。

（五）教学模式与策略设计

本节课主要采用基于信息技术的交互式教学模式，将信息技术手段与教学资源引入语文课堂，增强学生的真实体验。

课前，教师通过信息技术教学平台发布学习资源，布置学习任务，记录预习反馈；学生借助信息技术教学平台自主学习。课上，以视频导入，让学生直观地感受什么是火烧云。在接下来的教学中，通过小组讨论、课堂小测、小组探究等环节进行知识点教学；在人机互动与师生、生生互动的过程中学习新知识点，突破疑难点，充分调动学生学习的主动性。

（六）教学活动设计

教学环节		教师活动	学生活动	组织形式
课前		1. 布置预习作业：（1）通读全文，拼读生字词；（2）在田字格里描红生字，要求格式正确，书写端正，并给生字组词 2. 在教学平台推送预习资料及课前小测 3. 根据学生的预习情况备课，制作课件	1. 通读全文，识记、描红并给生字组词 2. 浏览教师推送的预习资料，完成课前小测	教师端推送，学生端接收预习任务，自主预习
课中	环节 1：抽查检测，情境导入	1. 通过教学平台了解学生的预习情况并进行有针对性的讲解，组织学生互动答题，举手提问与回答 2. 展示学习资源，通过组织学生发表对火烧云的深刻感受导入新课	1. 互动答题，并提出自己的疑问 2. 发表对火烧云最深刻的认识和感受	互动答题，多媒体展示
	环节 2：创设情境，布置任务	1. 通过多媒体播放优美的音乐并出示火烧云的图片、视频，向学生介绍火烧云的特点及形成原因 2. 提出问题，引导学生自学：（1）速读课文，回答什么是火烧云，从文中找到相关句子并用自己的话说一说 （2）课文写了火烧云哪些特点 （3）找到分别描写火烧云颜色和形状变化的小节，并将颜色分类 3. 利用多媒体分享资源，帮助学生观察、想象与思考	1. 观看视频，了解火烧云的特点及形成原因 2. 通过速读、朗读、默读等方式进行自主学习，用自己的话描述火烧云的形状及特点，从课文中找答案并用自己的语言表述；找到分别描写火烧云颜色和形状变化的小节，并将颜色分类	利用多媒体创设情境，教师组织学生发言
	环节 3：双向互动，深入探究	1. 师生配合朗读：“这地方的火烧云变化极多，一会儿____，一会儿____，一会儿____，一会儿____。____、____、____，这些颜色天空都有。还有些____。” 2. 指名朗读描写火烧云形状变化的小节并展示填空题 （1）形状：变化（多）：马、狗、狮子 变化（快）：一会儿、过了两三秒钟、忽然、接着、一转眼 （2）马、狗、狮子的变化是一个怎样的过程：清晰（逼真）——模糊（不见了） 3. 小组合作朗读，两人读描写形状“清晰”的句子，两人读描写形状“模糊直至不见了”的句子，并圈出描写“清晰”和“模糊”的词语	1. 与教师合作朗读相关片段 2. 根据教师的朗读指导，积极参与小组合作和练习	多媒体展示，师生互动；教师组织学生合作学习

续表

教学环节		教师活动	学生活动	组织形式
课中	环节4：实时测评，及时反馈	通过教师端推送课堂小测，学生提交后进行情况汇总与及时反馈，利用白板为学生讲评练习	接收课堂小测，直接在平板电脑上完成并提交	教师端推送，学生端接收，教师讲评
	本课小结	1. 教师结合板书对知识点和难点进行小结，补充薄弱环节，再次强调重难点 2. 通过教学平台发布个性化课后作业	1. 根据板书提示回顾本课重难点知识 2. 接收课后作业	

（七）练习设计

本文通过生动有趣的描写表现出火烧云的绚丽多彩和美妙奇异。为检验学生对本课知识点的掌握情况，《火烧云》一课的作业特分为两部分：第一部分是完成练习册课后练习部分。此外，为进一步引导学生观察事物、大胆想象，设计了第二部分作业：火烧云的形状远远不止课文中描述的这些，你觉得天空中还会出现怎样的情景？请你仿照作者的写法，按照“出现—变化—消失”的顺序写一写，可以运用本节课积累的好词佳句，也可以用自己喜欢的语句进行描述。

（八）评价设计

课前预习作业：要求学生自主预习并完成教师发布的课前小测。这一预习作业一方面是引导学生自主学习，整体感知文章，激发学生的学习兴趣；另一方面是借助教学平台的数据统计为教师的教学准备及学情分析提供依据。

随堂检测：主要为基础知识检测与巩固。通过单选题、填空题以及简答题进行练习，教师根据学生的课堂表现，借助电子设备，了解学生对文本基本逻辑及重要词句的掌握情况。

课后作业：练习册课后练习部分与写话。丰富的练习类型能够充分提高学生的听、说、读、写能力，旨在引导学生观察生活，发现大自然的魅力，将课堂所学与想象结合起来，创造生活中的美。在写话中，学生运用在课堂中积累的好词佳句，根据自己的表达风格进行描写。教师通过学生完成练习册以及写话的情况进行关于课堂知识点掌握情况及生成能力的总结性评价。

二、教学实际过程描述

本节课紧紧围绕交互式教学的特点，将互联网与语文课堂有效结合、将教学情境与所学知识有效融合，提高了课堂教学效率。

课前，学生通过教学平台学生端接收预习任务，进行预习，对课文进行整体感知并对本课生字词进行认读与拼写。教师根据教学平台收集学生学习数据，分析学情，对课堂教学进行设计。

课中，实际教学过程包括三个环节，分别是导入环节、探究环节、随堂小测环节。

教学伊始，通过多媒体播放优美的音乐并出示火烧云的图片、视频，向学生解释火烧云的特点及形成原因，然后通过问题导入新课。

紧接着，通过师生配合朗读“这地方的火烧云变化极多，一会儿____，一会儿____，一会儿____，一会儿____。____、____、____，这些颜色天空都有。还有些____”片段，进入探究环节，引导学生在指名朗读、组内互读、同桌互读中参与学习与探究。在这一过程中，教师指导学生进行朗读，借助教学资源帮助学生对知识进行更直观的理解与体验。

然后，通过课堂小测进行教学实时测评，利用白板为学生讲评练习。比如，“说一说课文中火烧云的形状”“照样子写 ABB 形式和用某种事物命名的表示色彩的词”“尝试用学过的四字词语概括火烧云变化多、变化快的特点”，在练习中检测学生的知识漏洞，同时，将新知识与已有知识进行联系，培养学生的知识迁移能力。

最后，教师结合板书对知识点和难点进行小结，结束本课教学。以教师提示、学生回顾的方式巩固知识点，并对学生掌握不牢固的内容进行补充，对重难点进行强调与提升。通过教学平台发布个性化课后作业，学生离开教室。

三、学生收获

教学平台为课堂提供了海量的教学资源，学生观看视频、倾听音乐、模仿音频朗诵……快乐地学习，学生的感受和体验已经超过文本的描述，教师和学生不再围着教材转，而是将教材看作教学的工具，师生在交互式教学中实现双向互动。从学习到模仿文本写话，学生对火烧云的认识，对语言的应用以及对大自然的喜爱都有了不同程度的提升。从学生上交的作业来看，他们能够巧妙运用美词佳句，且想象力丰富，表现出对火烧云，对大自然的喜爱。

四、教学反思

《火烧云》是一篇结构完整、层次清晰、内容丰富、语言富有韵律感的写景文。为了增强学生的课堂体验，在教学中充分利用网络资源，培养学生对语言文字的理解和运用能力。对于天空中的云朵，学生并不陌生，但对清晨或傍晚天空云霞的变化缺少细致的观察，更是很少关注火烧云这一自然现象，于是在教学中借助信息资源激发学生的兴趣，营造良好的课堂氛围，让学生更好地理解文本，感受大自然的奥妙。

此外，本课教学重点为“了解课文是怎样描写火烧云颜色和形状的变化的，并会对景色进行描写”。这一任务贯穿课堂始终，从情境导入到合作探究再到随堂小测，由浅入深地引导学生对文本进行品读与赏析，使学生在学习过程中积累好词佳句，为课后写话做了充分准备。教学过程充分体现了学生的主体地位，让学生在信息化课堂中实现了高效学习，主动学习。

第四节

审美鉴赏与创造

——以《落花生》的教学为例

一、教学设计

（一）设计理念

美育是小学语文教学非常重要的组成部分。引导学生品味文章的语言美，可以激发学生对文字产生浓厚兴趣，提升审美鉴赏能力。《基础教育课程改革纲要（试行）》明确指出：“大力推进信息技术在教学过程中的普遍应用，促进信息技术与学科课程的整合，逐步实现教学内容的呈现方式、学生的学习方式、教师的教学方式和师生互动方式的变革，充分发挥信息技术的优势，为学生的学习和发展提供丰富多彩的教育环境和有力的学习工具。”本节课通过语文交互式教学引导学生进行文本的理解与鉴赏，注重将现代信息技术与语文课堂相结合，重点培养学生的审美鉴赏能力与创造能力。

（二）教学目标

1. 认识“亩、吩”等 5 个生字，读准多音字“便”，会写“亩、播”等 9 个生字，会写“播种、浇水”等 7 个词语。

2. 分角色朗读课文，了解课文主要内容。

3. 能理解含义深刻的词语，初步了解借助落花生说明如何做人的道理。

4. 能仿照课文的写法，写由一种事物想到的人。

（三）学情分析

虽然五年级学生在语文知识、生活经验方面都有了一定的积累，但文中父亲说的话含义深刻，他们理解起来还是有难度的，这就需要教师引导学生走进文本，学习以物喻人的写法，结合生活实际，从花生的品格悟出做人应默默无闻、无私奉献的道理，引导学生树立崇高的人生理想。

《落花生》一文语言浅显，但所说的道理深刻，富含教育意义。因而，在引导学生理解课文所说的做人的道理时，需要保证学生个体先进行充分的阅读、思考，小组交流讨论要以学生自读自悟为基础。另外，要将文本内容与学生生活中的所闻所感、花生的品格与做人的道理联系起来；要尊重学生的不同体验，允许学生从不同的角度去体会，用不同方式去表达自己的见解。

（四）教学内容分析

本文是统编版小学语文五年级上册的第二篇课文。这是一篇叙事散文，文章围绕“落花生”展开叙述，略写种花生、收花生，详写吃花生、议花生。议花生作为主要内容，写的较详细。教学时需要引导学生从花生的品格悟出做人应该不求虚名、默默奉献。文章主次分明，条理清晰，篇幅虽短，却给人深刻的印象，能使人从平凡的事物中悟出耐人寻味的道理。将本课教学重点设计为“由表及里地了解花生的可贵之处，理解父亲赞美花生的话的深刻含义，从中理解做人的道理”。将“学习文章详略分明、借物喻人的表达方式”确定为教学难点。

（五）教学模式与策略设计

教学模式：遵循“学生本位”的理念，采用基于信息技术与语文教学相融合的交互式教学模式。课前教师通过信息技术教学平台中的教师端发布学习资源，布置学习任务，了解学生的预习情况；学生则通过学生端自主学习。正式上课前，对学生的预习情况进行反馈。课上以视频导入，让学生能够直观地感受花生的生长过程。接着，从小组讨论、课堂小测、小组探究几环节进行教学。

教学方法：通过自主探究、合作讨论、以读为本的方法体现学生的主体地位；引导学生采取读、思、议、悟相结合的方法展开自主学习，激发学生的学习兴趣，使其以信息技术为工具，对课文进行鉴赏与学习。

学习情境的创设：通过小视频、读文本、交流，引导学生学习借物喻人的写法，赏析文本的写作艺术，体验文本的情感。引导学生直接参与学习全过程，体悟花生的品格，提高学生的审美鉴赏能力与创造能力。

（六）教学活动设计

<table>
<tr><th colspan="2">教学环节</th><th>教师活动</th><th>学生活动</th><th>组织形式</th></tr>
<tr><td colspan="2">课前</td><td>1. 布置预习任务
（1）自读课文，自学生字词
（2）初读课文，整体感知，并完成预习任务
2. 发送与花生有关的科普小视频</td><td>1. 完成预习任务
2. 观看科普小视频</td><td>教师端发送，学生端接收与上传；学生自主预习</td></tr>
<tr><td rowspan="2">课中</td><td>谜语导入，激发兴趣</td><td>1. 课件出示谜语：“根根胡须入泥沙，自造房屋自安家，地上开花不结果，地下结果不开花。”请学生猜谜语，并分享有关花生的常识，导入新课
2. 通过教学平台了解学生的预习情况，检查学生认读生字词情况，并通过指名读、齐读、分组比赛读等方法进行巩固</td><td>1. 猜谜语，分享有关花生的常识
2. 注意预习中存在的问题，通过不同的方式，认读字词，纠正错题并做好笔记</td><td>课件展示，教师组织，学生自主回答</td></tr>
<tr><td>互读课文，整体感知</td><td>1. 引导学生同桌互读课文，互相检查，互相纠正
2. 课件出示：“课文围绕花生讲了哪些事？”引导学生将课文分为“①种花生、收花生；②母亲提议过一个收获节，并为收获节做准备；③吃花生时的议论”三个部分来理解</td><td>1. 同桌互读课文，互相检查，互相纠正
2. 思考并回答“课文围绕花生讲了哪些事”这一问题，做好笔记</td><td>多媒体辅助教学，通过朗读整体感知文章内容，营造氛围</td></tr>
</table>

续表

教学环节		教师活动	学生活动	组织形式
课中	交流讨论，智慧探究	1. 通过教师端发送习题，组织学生讨论与探究 （1）父亲的话中提到了哪些事物？父亲为什么认为花生最可贵 （2）“爱慕”是什么意思？什么是爱慕之心？从哪个词可以看出父亲产生的爱慕之心 2. 请学生自主思考下列判断题，并说出理由 （1）花生好，桃子、石榴、苹果不好 （2）凡是埋在地里的东西都是好的，高高挂在枝头上的东西都是不好的 （3）我们不需要外表美	1. 学习文本中用对比的表现手法突出花生默默无闻的优秀品格的写法 2. 通过自主思考做出判断，学习花生脚踏实地、不计名利的品格，做一个注重实际，不炫耀自己的人，做一个对国家、社会、别人有用的人	多媒体辅助，教师组织，学生小组讨论、发言
	课堂小结，升华情感	根据板书，引导学生回顾本节课所学重点知识，着重体会借物喻人的写法，组织学生发表感想，升华中心思想	借助板书，重点回顾文中“借物喻人”的表现手法，通过自由发言，表达感想	教师组织学生发言
课后	布置作业	1. 通过教师端发布课后作业 （1）练习册部分习题 （2）写话：生活中有很多平凡的人，他们像“花生”那样，默默无闻地做着贡献，用一段话写写你身边这样的人 2. 通过教学平台获取相关数据，为改进教学做准备	完成课后作业，在学生端上传提交，其间有不懂的问题可随时通过教学平台向老师和同学求助	

（七）练习设计

课中：小组交流讨论与自主思考相结合，思考花生所体现的优秀品格。

课后：练习册部分习题；写一写身边像“花生”那样的人。

（八）评价设计

课前检测：通过信息技术教学平台统计的数据以及学生上交的预习作业，初步掌握学生的学习情况，根据学生的心理特点、认知规律以及新知识的特点设计一些基础、有趣的预习任务，并根据学生的预习情况调整教学设计。

课中提问：小组讨论与汇报、自主回答，采用自我评价与他人评价相结合的评价方式。在互动中，学生由浅入深地学习文本的表达方式与所表达的情感，教师记录学生的问答情况，适时调整教学，促进教学的动态生成。

课后练习：通过完成练习册及写话，了解学生对本课知识的掌握情况，考查学生的知识迁移水平，引导学生观察生活，发现生活中蕴含的道理。学生能否将课堂所学与想象结合起来，创造生活中的美，是教学评价的重要依据。

二、教学实际过程描述

遵循交互式教学的设计理念，按照叙事散文教学的基本要求，本课实际教学过程如下。

课前：布置预习任务，发送与花生有关的科普小视频。学生自读课文，自学生字词，对文本进行整体感知。在科普小视频的帮助下，学生对花生有了更多了解。

课中：首先通过谜语吸引学生的注意力，让学生猜谜语并分享有关花生的常识，进而自然地导入本课——《落花生》。再通过教学平台了解学生的预习情况，检查学生认读生字词的情况，并通过指名读、齐读、分组比赛读等方法进行巩固。紧接着，学生与同桌互读课文，互相检查，互相纠正，引导学生将文本分为三部分理解。接下来，以问题为支架，引导学生进行自主思考与小组探究，让学生结合生活实际理解花生脚踏实地、不计名利的品格，树立正确的价值观——做一个注重实际，不炫耀自己，对国家、社会、别人有用的人。最后，根据板书，引导学生回顾本节课内容，着重体会借物喻人的写法，发表感想，升华思想。

课后：通过教师端布置练习册和写话作业，学生遇到不懂的地方可以随时通过学生端向教师和同学求助，在第二节课，将好的写话作业进行分享与展示。通过课堂学习与课后作业，学生的语文素养得到训练和提升。

三、学生收获

学生能够较好地完成练习册，能够用自己的语言表达竹子、蜜蜂、路灯等事物的作用及它们值得我们学习的地方，能够用课堂上学习的表现手法表达自己的思想，在表达上也比以往更有深度。部分学生比较粗心，练习册中有错别字，但总体上，学生已基本掌握本课知识，顺利达成了本节课的教学目标。

四、教学反思

学生正处在人生观、价值观形成的重要阶段，文中父亲说的那一段话具有重要作用，教学过程中需要思考如何将文本与学生生活中的所闻所感、花生的品格与做人的道理联系起来，做到尊重学生的不同体验，允许学生从不同的角度去体会，用不同方式去表达自己的见解。本节课以教学平台为工具，通过教师端与学生端的对接，实现知识的检测与反馈，学生随时在线提问与求助，大大提升了答疑解惑的效果。这种以学生为主体、教师为主导的交互式教学模式，培养了学生的语感，锻炼了学生的思维，保持了学生的注意力，使学生能理解文本，感悟道理，提高审美鉴赏与创造能力。

第五节

文化传承与理解

——以《十六年前的回忆》的教学为例

一、教学设计

（一）设计理念

语文教材是引导学生理解和传承中华优秀传统文化的载体，小学阶段是培养学生学习、记忆和思维的重要时期，抓住时机进行传统文化的教学，对学生语感、思维、审美能力的提升以及人文情操的培养，都具有十分重要的价值。统编版教材将“立德树人”作为核心目标，旨在培养学生的民族文化自信和文化自豪感。交互式教学以“新、实、趣、活”为基本要求，将其与小学语文教学相结合，更能凸显学生的主体地位，增加师生的交流互动，增强教学信息化，切实提高教学质量和学生的学习效果。

（二）教学目标

1.知识与能力

（1）默读课文，能说出课文按时间顺序写了哪些事情。

（2）知道课文最后两个自然段与开头的联系以及两者之间的关系。

2.过程与方法

通过描写李大钊外貌、神态、言行的句子，体会李大钊身上体现出的形象变化。

3.情感态度与价值观

体会李大钊在危难时刻为了民族解放和人民幸福从容赴死的感人形象，感受作者对父亲为理想而献身的精神的理解与敬佩，感受作者对反动派残杀革命者的痛恨及其对父亲的敬仰与深切怀念。

（三）学情分析

六年级的学生已经掌握了预习的基本方法，能在自学阶段利用工具书解决不理解的字词，能针对课文从不同方面提出质疑；能通过自学梳理出文章是按时间顺序进行叙事的篇章结构；已经积累了一些阅读写人文章的方法，如抓住描写人物言行的重点词句，联系上下文来理解含义深刻的句子和文章内容等。

在大多数现代人的记忆中，李大钊是中国共产党的创始人之一，他为共产主义事业献出了自己宝贵的生命，所知仅此而已。学生的生活经验及情感积累，与文本的情感内涵相距甚远，再加上文章篇幅较长，语言平实，学生很难被文章真正地打动。如果没有教师、学生与文本之间情感的共鸣，语义素养的提高、情感的熏陶与人格的培养则可能是一句空话。

（四）教学内容分析

本文通过对李大钊被捕前到被捕后的回忆，展示了革命先烈忠于革命事业的伟大精神和面对敌人坚贞不屈的高贵品质，表达了作者对父亲的敬仰与深切怀念。除开头外，文章是按被捕前、被捕时、法庭上、被害后的顺序叙述的。“被捕前”写父亲烧掉文件和书籍，工友阎振三被抓，反映出形势的严峻与处境的危险；“被捕时”写了敌人的心虚、残暴与父亲的处变不惊；“法庭上”描写了父亲的镇定、沉着；“被害后”写了全家无比悲痛。

本文是一篇回忆录，作者采用第一人称的叙述方式，回忆了父亲被害的全过程，内容真实可信，语言朴素自然，既具有文学价值，又具有很强的史料价值。

选编这篇课文的主要意图，一是使学生借助课文，激发对革命先烈的崇敬之情；二是引导学生领悟文本前后照应的写法。

本课的教学重点是“引导学生学习课文，了解李大钊被害的过程，感受李大钊的高贵品质”。教学难点是“结合当时的社会背景理解一些含义深刻的句子”。

（五）教学模式与策略设计

本节课主要采用基于信息技术的交互式教学模式，教学时将信息技术与教学资源相融合，增强学生的真实体验。

课前教师通过信息技术教学平台的教师端推送预习资料，布置预习任务；学生则根据预习任务，查阅有关李大钊的资料，在学生端完成自主学习任务。课上以视频导入，让学生能够直观地了解李大钊的形象。接下来，通过角色体验、小组讨论、小组探究等进行教学；在人机互动与师生、生生互动的过程中充分调动学生学习的主动性。

（六）教学活动设计

教学环节		教师活动	学生活动	组织形式
课前		1. 布置预习任务 （1）通读全文，自学生字词 （2）借助多媒体，查阅有关李大钊的文字、视频资料 2. 通过教师端推送预习资料及课前小测 3. 根据学生的预习情况备课，制作课件	1. 通读全文，自学生字词；自主查阅有关李大钊的资料 2. 浏览教师推送的预习资料，完成课前小测	教师端推送，学生端接收预习任务，自主预习
课中	抽查检测，问题导入	1. 通过教学平台了解学生的预习情况，针对学生存在的问题进行讲解，组织学生互动答题，举手提问与回答 2. 请学生分享自己课前查阅的资料，了解时代背景以及李星华与李大钊的关系 3. 展示学习资源，通过组织学生思考“为什么李星华要写十六年前的事情”导入新课	1. 互动答题，并提出自己的疑问 2. 听同学的分享，加深对李大钊以及当时社会背景的了解 3. 初步思考“为什么李星华要写十六年前的事情”	互动答题，师生交流，多媒体展示

续表

教学环节		教师活动	学生活动	组织形式
课中	创设情境，布置任务	1. 通过多媒体播放背景音乐，引导学生初读课文，初步感悟十六年前给李星华留下深刻印象的事情 2. 提出问题，引导学生自学 (1)用双横线画出四个时间节点及对应的事件 (2)从哪些地方可以看出李星华对这一事情的回忆十分清晰 (3)为什么李星华能够清晰地记得这些事情	1. 伴随着背景音乐，用不同的形式进行朗读，初步感悟十六年前给李星华留下深刻印象的事情 2. 速读、朗读、默读，自主学习，用自己的话说说：从哪些地方可以看出李星华对这一事情的回忆十分清晰？为什么李星华能够清晰地记得这些事情	利用多媒体创设情境，教师组织学生朗读、分享
	双向互动，深入探究	1. 利用多媒体分享资源，辅助学生观察李大钊的外貌、神态和言行上的反常表现 2. 通过教师端发布任务单：找出每个时间节点中李大钊的反常表现 3. 教师通过教学平台展示学生的答案 4. 聚焦李大钊“望了望”时，父女俩的心里话。播放背景音乐，组织学生分组写李大钊和李星华的心里话，并分享	1. 借助资源，观察李大钊在外貌、神态及言行上的反常表现 2. 找出每个时间节点中李大钊的反常表现，并在学生端填写、提交 3. 交流、分享与记录	多媒体展示，师生互动
	实时测评，及时反馈	通过教师端推送课堂小测，学生提交后进行情况汇总并及时反馈，利用白板为学生讲评练习	在学生端接收并完成课堂小测，并提交	教师端推送，学生端接收，教师讲评
	本课小结	1. 教师结合板书进行小结，强调重难点知识 2. 通过教学平台发布个性化课后作业	1. 学生根据板书回顾本课知识 2. 接收课后作业	教师端发布，学生端接收

（七）练习设计

课中：找出每个时间节点中李大钊的反常表现，并及时分享，在讨论区互评；课堂小测。

课后：（1）查找更多具有革命精神的人物的故事，在讨论区分享；（2）自主选择一个感受最深的故事，写200字左右的感想。

（八）评价设计

课前：采用形成性评价。通过教师端了解学生的预习情况，做出相应的评价，充分把握学情。

课中：采用表现性评价。在课堂上，对不同环节不同活动中学生的态度和表现进行评价。

课后：采用总结性评价。对学生的课后作业完成情况及分享人物故事的积极程度进行评价。

二、教学实际过程描述

教学伊始，学生对李大钊及其所处社会环境还不了解，可以请学生分享课前查找的相关资料。同时，通过不同领导人对李大钊的评价，拉近学生与文本之间的距离。

紧接着，引导学生朗读、提取关键的时间节点和关键事件，观察人物的外貌、言行、神态，体会三者与品质之间的关系；通过教学平台，带领学生对文本进行由浅入深的理解和学习；将教学目标的实现与信息技术的使用有机融合起来，完成教学目标。

三、学生收获

借助信息技术教学平台，这篇课文的难点被逐一攻破。课前学生通过收集资料了解了人物和社会背景；课中学生在教学平台上尽情表达自己对描写李大钊“外貌、神态和言行”句子的理解及其所体现的人物品质；课后学生借助多媒体工具查阅、分享更多的人物故事，学会了借助资料学习课文。

四、教学反思

《十六年前的回忆》对学生来说是一篇比较难学的课文，无论是时代背景的理解还是人物精神的体现，学生理解起来都有一定难度。教学时，将语文要素的落实作为“指向标”，将教学内容与信息技术进行深度融合，引导学生循序渐进学习课文内容，实现了文本与学生之间的对话，使学生理解了李大钊先生的形象及其大无畏的革命精神。教学平台的运用，提高了学生的学习效率，在落实学生主体地位的同时，使学生学习并传承了文本所体现的革命精神。

第三章
数学交互式教学模式及经典案例

基于第一章中阐述的交互式教学的基本特点及其基本范式，结合交互式教学的突出特征和优势，我们在湛江市第十六小学的交互式教学改革实践中探索建立了交互式教学模式，并提供了三个典型教学案例，对教师开展交互式教学实践具有参考价值和借鉴意义。

第一节

数学交互式教学模式

一、数学交互式教学模式概述

（一）基本理念

交互式教学模式，是一种在相互作用情境下提出的教师和学生积极互动，促进学生积极参与任务并提升多方面能力的教学模式。在 19 世纪，维果斯基就已经提倡在教学中运用交互式教学，这种教学包含了教师和学生小组之间的相互对话。目前，交互式教学在世界各地被广泛应用。这种教学模式适用于任何学科的教学，不仅有助于提升学生的参与度，更能活跃课堂气氛，激发师生、生生之间的互动，帮助学生取长补短，促进学生全面发展。交互式教学能够给数学教学带来新的活力，注入新的血液，促进课堂教学的良性发展，提高课堂教学的效率。

（二）基本原则

1.探究性原则

交互式教学注重运用交互的学习方式开展教学活动，将学生作为课堂教学的主体，利用科学的教学方式培养学生的自主探究能力与小组探究能力。教师应创设情境，引导学生进行交互式探究，使学生在交互过程中，提升自主探究与交互式探究的能力。交互式教学应该建立在自主探究的基础之上，在学生进行自主探究之后再引导其进行交流与讨论，进行思维碰撞，从而完善学生的知识体系，使学生获得成长。

2.合作性原则

交互式教学的三种基本组织形式：教师与学生、学生与学生、小组与小组，以师生之间和生生之间的全员互动为核心。形式多样的交互式学习活动，能使学生建立起团队合作意识，培养团队合作精神，意识到“单打独斗”是不可行的，需要与同学合作才能学到更多、更全面的知识。一方面，生生之间的合作，不仅能培养学生团队协作的意识和能力，而且能培养学生的人际交往能力；另一方面，师生之间的合作，能够在课堂中建立起平等互助的师生关系，学生不仅能在平等和谐的班级氛围中学到更多知识，还能学会与长辈或上级相处的模式，从而促进师生更好地成长，即“教学相长”。

3.个性化原则

教师在运用交互式教学模式时，应注重学生在情感方面、知识与技能方面的差异，科学设置教学内容，合理规划教学时间，培养学生的自主探究能力、实践能力与创造能力。同时，应该通过交互式教学满足学生的个性化需求。此外，在教学评价方面，应注重学生的差异，以恰当的评价，促使学生认识到自己的优点与不足，让学生在交互中互相学习，共同进步，共同成长。

4.主体性原则

传统教学通常是教师在台上“自说自话”，学生被动地接收知识，有时心根本不在课堂上。苏霍姆林斯基在《给教师的一百条建议》中提出：“关于学生脑力劳动的积极性问题，人们谈论得很多，也很频繁。但积极性可能有各种各样的。学生背熟了所读的书，或记住了教师所讲的内容，能迅速回答问题，这也是一种积极性，但这种积极性不一定能促进智力的发展。教师应当努力发挥的是学生思维的积极性，做到使知识由于得到运用而有所发展。”交互式教学可以让学生参与到课堂中来，发挥主动性，解放双手，解放大脑去学习。

二、数学交互式教学模式的基本环节

数学交互式教学模式以新知为立足点，以任务为载体，通过小组交互式学习，培养学生的团队探究精神，帮助学生掌握知识，提升学生对知识的运用能力，提高学生的自主探究能力与团队协作能力，培养学生独立思考与交互式交流的意识及能力。数学交互式教学模式要求以学生为主体、教师为主导展开教学活动。教师与学生互相促进，共同成长，营造和谐民主氛围，共同构建高效课堂。数学交互式教学模式的基本环节如下图所示。

图1　数学交互式教学模式的基本环节

1.情境导入，感悟新知

教师应该综合运用现代技术与设备，密切联系学生的日常生活，根据学生特点以及教学内容来创设多种情境，如音乐情境、问题情境、故事情境、多媒体情境等，以吸引学生的注意力，激发学生的探究兴趣，营造轻松的课堂氛围，为接下来的教学环节、教学活动的开展打下良好的基础。

2.布置任务，激发欲望

教师应根据学生的特点（兴趣爱好、动机倾向、已有知识与经验等）进行合理的分组，布置难度适中、多元化的交互式探究项目，提升学生的参与度，激发学生参与学习活动的欲望，为学生营造良好的互动氛围，使学生保持学习与探究的热情，积极参与到课堂交互式探究活动中，培养综合能力，提升综合实力，获得高效的课堂学习效果与体验。

3.合作探究，学习新知

学生根据教师布置的任务和要求以及自身特点，分解任务，分工协作完成任务，之后再进行师生、生生之间的交流，学习新的知识与技能。通过小组交互式探究以及师生、生生之间的互动，培养学生的交流与协作能力，引发学生积极思考。

4.实践应用，巩固新知

任何学科的教学都应注重理论与实践的结合，二者是相互依存、相互促进的。经过上述环节，学生已经获取了掌握知识的理论，而这一环节的设置是让学生将理论运用于实践，从而促进知识的理解与应用，将“平面知识”转化为“立体知识”。教师需要引导学生将所学知识与技能应用于实践，引导学生内化吸收知识，培养学生的动手能力与操作能力，促进师生的共同成长。

5.课堂小结，深化知识

在这一环节，教师应该承担“教”的责任，学生则承担“学”的责任。教师引导学生依据教学目标对整节课进行总结反思，回顾课堂所学知识，帮助学生构建新知，完善知识体系，使课堂的收尾工作完美完成。

三、数学交互式教学模式操作注意事项

（一）合理分组——营造良好的交互氛围

分组是交互式教学的关键环节，因为成员之间的协调性与互补性对课堂的教学质量有很大的影响。在课堂上一般有两种分组方式。第一种是学生自由分组，教师不干预。这种情况下，学生往往会选择比较优秀的同学或者比较熟悉的同学组成小组，虽然这样可以很快使学生参与到课堂的讨论与协作中，但从长远来看不利于学生多方面能力的发展，导致组间的差异较大，造成组间的不公平。第二种是教师根据“组内异质，组间同质，优势互补”的原则将学生进行分组，这种分组方式教师需要考虑学生的性别、个性以及特点、特长等多方面的因素，这样能促进组间的公平竞争，组内的优势互补，从而促进学生共同成长。教学中，需要教师根据实际情况选择适合的分组方式，以有利于课堂教学的有效展开，促进师生的共同成长和进步。

（二）分工协作——培养学生的团队意识

交互式教学模式的特点之一就是让学生根据自己的特点与特长进行分工，不仅能最大限度地发挥学生的特长，还能让学生在交互过程中学习他人的优点和长处。在交互式教学中，分工协作能培养学生的团队意识，能使学生明确自己的任务，从而营造互动性强的学习氛围，促进学生思维以及能力的发展。教师需引导学生进行合理的分工，必要时可根据学生的个性进行任务分派，让学生担任一定的角色，如组织者、记录者、收集材料者、实施者、总结发言者等，从而使学生融入教学，融入课堂，融入集体。

（三）规划时间——保障有效的交互教学

运用交互式教学模式，不仅能让学生较快地掌握知识与技能，而且能培养学生的综合素质与能力。教师在进行交互式教学时，应该合理规划时间，根据教学目标和教学内容，把控教学进度，保障课堂的效率与质量。此外，教师还需要引导学生围绕教学目标与内容开展交互式学习活动，让学生紧扣中心进行活动与交流，避免偏离主题、浪费宝贵的课堂教学时间。

第二节

在互动中体验数学

——以《认识人民币》的教学为例

一、教学设计

（一）设计理念

近年来，湛江市第十六小学致力于交互式教学研究。交互式教学旨在运用“互联网 +”和物联网、大数据、云计算等信息技术构建支持课前、课中、课后全程应用的智能、高效课堂。而数学交互式教学模式作为交互式教学的分支，突出的特点为互动学习。本节课教学致力于将交互式教学模式充分融入数学课堂，引导学生恰当分组、互动学习，灵活运用先进的信息技术，激发学生的学习兴趣，增强学生合作交流的意识及能力，培养学生的合作探究能力，进而提高数学教学质量，更好地培养学生的数学素养。

（二）教学目标

1. 认识人民币的单位：元、角、分，知道元、角、分之间的进率。

2. 认识各种小面值的人民币，知道要爱护、尊重人民币，能正确使用人民币，初步体会人民币的作用。

3. 在生动开放的活动中，初步体会人民币在生活中的功能和作用，初步感悟到数学源于生活。

（三）学情分析

一年级学生刚步入小学，对新的环境充满了好奇和兴趣，他们好动、易疲劳，注意力容易分散。因此，教师可引入交互式教学模式，促进师生、生生之间的互动互助，进一步促进学生乐学、好学，在潜移默化中提升学生的数学素养。

一年级学生对新的环境还不太适应，通过合作学习能有效鼓励他们大胆发言，帮助他们树立自信心，并能切实促进其身心健康发展。

一年级学生尚未形成完整的知识体系，交互式教学模式的实施，能让学生在同伴的帮助下快速成长，提高合作交流能力。

（四）教学内容分析

1.教材内容分析

本节课是人教版小学数学一年级下册第五单元的内容。本单元旨在让学生在现实的问题情境中，认识各种面值的人民币，学习和解决一些与购物有关的实际问题。在此之前，学生已经学习了100以内数的认识，为本课教学打下了基础。教材通过呈现购物的场面，引出对人民币的认识，从学生熟悉的购物入手，使学生不仅能学习知识，还能将知识运用于生活。

2.教学重难点

教学重点：认识人民币的单位：元、角、分，知道1元=10角，1角=10分。

教学难点：初步学会用人民币购物。

（五）教学模式与策略设计

本节课采用交互式教学模式。首先，创设与学生生活密切联系的问题情境，然后根据学情分组。其次，通过一系列活动让学生在合作中交流、成长，如“辨认纸币”“观察人民币的特征”“探究元、角、分的关系”“兑换人民币”等活动。再次，让学生通过电子书包做练习，并在课上及时反馈，以巩固新知。最后，引导学生对所学知识进行总结，课下让学生去体验真实的生活情境，亲身经历能使知识掌握得更加牢固，使学生树立“数学来源于生活”的观念。

（六）教学活动设计

教学环节	教师活动	学生活动	设计意图
环节 1：联系生活创设情境	1. 用课件展示本市最大的购物商场图，引导学生联系生活谈谈自己购物的经历，顺利导入本课内容 2. 分组：按照学生的学习能力，将学生分为优秀、良好、一般三个层次，采取 1 ∶ 2 ∶ 1 的方式 4 人为一组，即优秀 1 人、良好 2 人、一般 1 人，共 4 人 3. 确定并分配小组任务，不同层次的学生的导学案是有差异的	自主思考，合作交流，大胆说出自己的购物经历	1. 以学生的购物经历导入，更容易激发学生的学习兴趣 2. 将学生进行分组，有利于分层教学；给予不同层次的学生不同的导学案，能充分调动学生学习的积极性
环节 2：开展活动引导探究	1. 让学生将课前准备好的纸币摆出来，并抛出问题：“你是怎样辨认出不同面值的人民币的？” 2. 解决问题后，发布任务，让学生将纸币进行分类，并探讨分类的方法 3. 引导学生完成分类，提问：“元、角、分三个单位中，谁最大？谁最小？”	小组交流，利用平板电脑对纸币进行分类，大胆表达	教师通过布置一个又一个任务，循序渐进地引导学生进行学习，有利于培养学生合作交流、互动互助的能力
环节 3：观察特征合作探究	1. 抛出问题：“仔细观察一下自己准备的人民币，你从人民币上发现了什么？”以小组为单位进行交流探讨 2. 在学生观察的基础上，适时对学生进行情感教育并总结	1. 热烈讨论，各抒己见 2. 小组派代表汇报讨论结果，对其他组汇报的内容进行质疑、补充、评价	通过让学生充分地观察、热烈地讨论，找出各种面值人民币的特征，在学生回答的基础上，教师适时对学生进行爱领袖、爱祖国和爱人民币的教育，从而让学生获得良好的情感体验

续表

教学环节	教师活动	学生活动	设计意图
环节 4：交流协商探究关系	1. 组织课堂，创设游戏情境（第一关：用角摆出 1 元钱；第二关：用 1 元钱到虚拟商场买东西，付的钱数对了则通关） 2. 根据游戏结果集中讲解学生未掌握的知识	1. 尝试用不同的方式付款 2. 合作交流，厘清元、角、分的关系，感受人民币在生活中的作用 3. 上传游戏结果	通过创设游戏情境让学生联系生活（买文具）学习知识，从而让学生了解数学与生活的密切联系，厘清元、角、分的关系
环节 5：小组活动兑换钱币	1. 引导学生小组合作探讨如何兑换 5 元零钱 2. 巡查督导，对学生遇到的困难给予建议和帮助	动态合作，师生、组间开展换钱活动	通过换钱活动，构建开放性课堂，让学生在富有趣味性、应用性的活动中增长知识和智慧
环节 6：实践应用巩固新知	分层次发布课堂练习，查看学生的做题情况，及时对有困难的学生给予引导	完成课堂练习，小组讨论，提交答案	课堂练习是教学的一个重要环节。在本环节中，分层次发布练习，有利于各层次学生都得到发展，使学生树立自信心
环节 7：课堂小结实际应用	这节课大家都学到了哪些知识？利用本节课学到的知识和家长一起到超市进行一次真正的购物活动吧，并拍照上传	课下与家长一起购物，运用知识	受授课时间、教学环境的限制，课堂上很难让学生亲历体验，布置让学生课下购物的作业，能让学生将所学知识运用到实际生活中，同时，折射出让数学回归生活世界的新理念

（七）练习设计

在教学过程中，设置了两次作业。

环节 6：实践应用，巩固新知。设置分层作业，让学生通过练习适合自己的题目最大限度地提升自信心，培养良好的作业习惯。

环节 7：课堂小结，实际应用。引导学生在教学的最后环节回忆所学知识，同时让学生在课后去实践应用，激发学生学习数学的兴趣，使学生树立数学来源于生活，应用于生活的观念。

其一是课堂作业，其二是课后作业。两项作业均为必做作业，教师会将大家的购物经历做成美篇，让学生了解自己的成长，并将数学与生活紧密结合，让学生理解“数学来源于生活，应用于生活”。

（八）评价设计

课中检测：通过课堂练习评价学生对本课知识的掌握情况，同时使学生巩固所学知识，让学生在做题出现错误时及时与同伴进行交流纠正，这不仅有利于学生掌握课堂所学知识，而且锻炼了学生的合作交流能力。

课后作业：课后作业是对课堂教学的总结与延伸，让学生课下与家长一起去购物，使学生将知识应用于实际生活。

二、教学实际过程描述

本课教学主要分为七个环节。

环节 1（联系生活，创设情境）：教师通过创设生活情境导入本课教学，使学生易于接受，初步体会到数学来源于生活。教师将学生分层次分组，便于开展教学，有利于教学活动的顺利进行。

环节 2（开展活动，引导探究）：先让学生辨认自己带来的人民币，小组内进行交流。接着教师通过电子书包发布任务，让学生对纸币进行分类，并让学生根据自己的喜好进行划分。学生根据自己的已有经验，在交流合作中认识不同面值的人民币。通过给人民币分类，引出人民币的单位。

环节 3（观察特征，合作探究）：让学生以小组为单位仔细观察自己准备的人民币，自主探究并进行小组交流，然后各组派代表发言，并对其他组的汇报内容进行质疑、补充、评价。教师对小组汇报的内容进行实时的指导，及时给出建议，并结合学生的回答进行总结。

环节 4（交流协商，探究关系）：教师创设游戏情境，游戏情境包括两关：第一关是一元钱等于多少角，第二关是进入购物商店，看看一元钱可以买什么。点击要买的东西，付款成功即可通关。关于元、角、分的关系一年级学生不一定知道，根据教材中买文具的场景图设置这个通关游戏，旨在让学生在游戏中学习元、角、分，在互动交流中厘清元、角、分的关系，从而使学生进一步感受人民币在实际生活中的作用。

环节 5（小组活动，兑换钱币）：教师创设活动情境，组间、师生之间进行 5 元钱币的兑换。这一环节是以小组为单位进行自由活动，教师通过小组活动将静态知识动态化，构建了开放式的教学空间，使学生在充满趣味性的课堂活动中获取知识，增长智慧。

环节 6（实践应用，巩固新知）：通过发布不同层次的习题，让不同层次的学生都得到发展，培养学生良好的作业习惯，帮助学生树立自信。

环节 7（课堂小结，实际应用）：结束语："这节课大家都学到了哪些知识？利用本节课学到的知识和家长一起到超市进行一次真正的购物活动吧，并拍照上传。"让学生回忆所学知识，以便课后将其应用于实际生活。通过上传照片来记录学生的作业完成情况，帮助学生树立"数学来源于生活，应用于生活"的观念。

三、学生收获

学生的学习成果主要通过电子书包呈现，课中的游戏结果、习题，课后的活动、照片等都要发布在平板电脑上，以便教师对学生的学习情况有整体的把握。大部分学生都能较好地完成老师发布的习题，正确率高，课后作业学生都积极参与，有一部分学生拍照片上传时还附上了一段话。

四、教学反思

本节课是人教版小学数学一年级下册的内容，知识具有很强的实践性。本节课紧紧围绕教材内容引领学生开展合作活动，让学生在互动交流、协商探讨中成长。

本课的成功之处：（1）通过形式多样的活动吸引学生的注意力，既提高了学生的积极性，又确保了学生的注意力集中在课堂上；（2）通过有层次的分组，以及发布不同层次的习题，照顾到了每一位学生，使所有学生都得到成长，树立了自信。

本课的不足之处：评价方式单一。一方面是学生认为自己没有评价的能力而拱手将机会让给教师；另一方面，教师认为采取其他评价方式会造成课堂混乱，故而固守观念，因循守旧，这样做不仅失去了交互式教学的意义，而且不利于交互式教学的推广应用，不能促进学生的发展与成长。

第三节

在探究中感知数学

——以《掷一掷》的教学为例

一、教学设计

（一）设计理念

《义务教育数学课程标准（2022年版）》（以下简称“数学新课标”）中提出：“义务教育数学课程应使学生通过数学的学习，形成和发展面向未来社会和个人发展所需要的核心素养。”[1]“核心素养”的提出对小学数学的学科内容和培养目标提出了更高的要求。为了更好地贯彻落实数学新课标的要求，在小学数学教学中，教师应将交互式教学模式与数学学科教学深度融合，激发学生的学习兴趣，增强学生交互合作的意识及能力，培养学生协作探究的能力，进而提高教学质量，培养学生基本的数学素养。本节课充分发挥了交互式教学模式的优势，首先创设游戏情境引起学生的无意注意，让学生在“玩”中习得数学知识，在学中感受到数学的趣味性；其次在课堂教学中穿插同桌交互、生生交互、小组交互、师生交互等，使学生在愉快的交互学习中获得知识；再次通过教师的引导将知识进行实践应用；最后由教师引导学生进行总结，使学生形成知识网络，完善知识体系，深化知识结构。

（二）教学目标

1. 运用已学过的组合、统计、可能性等有关知识探讨事件发生的可能性大小，充分经历观察、猜想、实验、验证的过程。

2. 结合实际情境培养提出问题、分析问题和解决问题的能力。

3. 通过应用和反思积累数学活动经验，体验成功的快乐，提高学习数学的兴趣。

（三）学情分析

五年级学生处于小学高年级阶段，与低年级学生相比注意力有了较大的提高，能对感兴趣的事物、活动以及现象有长时间的关注，但注意力仍然容易分散。本节课要在激发学生兴趣的基础上让学生互相协作，共同成长。

五年级的内容在小学数学教学中起着承上启下的作用，既是四年级的衍生又是六年级的铺垫。五年级存在学优生与落后生差距较大的情况，采用交互式教学模式，让学生互相交流、优势互补，能在一定程度上解决这一问题，做到“以优帮扶，优势互补”，让每一位学生都对数学学习产生浓厚的兴趣，从而让每一位学生都以积极的态度面对学习。

（四）教学内容分析

1.教材内容分析

本节课教学内容为人教版小学数学五年级上册第 50~51 页的内容。在此之前，学生已经学习了《可能性》的相关内容,《可能性》是《掷一掷》的铺垫，为本节课的开展提供了有利的保障。通过形式多样的交互活动的开展，可以提高学生的动手能力、操作能力以及与他人交流学习的能力。

2.教学重难点

教学重点：探索掷两颗骰子得到的点数和是 2~12 中哪些数的可能性较大。

教学难点：探索掷两颗骰子得到的点数和是 5、6、7、8、9 的可能性大的原因。

（五）教学模式与策略设计

本节课采用交互式教学模式。学生已经学习了《可能性》的相关内容，教师通过游戏引导学生快速进入课堂，然后发布任务让学生进行自主探究与交互学习，交互学习包括同桌交互学习、小组交互学习、全班交互学习等，小组派代表进行汇报，教师引导学生对学习结果进行交流。教师也可根据学生的汇报提出更深层次的问题，引发学生思考，并在师生共同探索中使学生发现知识，习得知识。之后教师引导学生通过习题或者实践操作的方式运用知识，使学生将理论知识与实践经验相结合，巩固所学知识。最后教师引导学生进行知识小结与脉络梳理，使学生形成知识网络，构建知识体系，深化知识结构。

（六）教学活动设计

教学环节	教师活动	学生活动	设计意图
环节 1：谈话导入激发兴趣	师：掷一颗骰子，出现的点数可能是多少	生：1，2，3，4，5，6	从生活中的骰子入手，让学生回答简单的问题，激发学生的学习兴趣，把学生的注意力引入课堂
	师：他说的真全面！那么掷出的这 6 种点数的可能性怎样	生：每种点数出现的可能性是一样的	
环节 2：创设情境切入主题	课件出示： 掷一颗骰子，如果点数是 5，6 则红队赢，如果点数是 1，2，3，4 则蓝队赢	选择蓝队或者红队，并说明理由	1. 在游戏中引导学生进一步理解事件发生可能性大小的相关知识，为探究掷两颗骰子得到的点数和出现的可能性大小做好铺垫 2. 在交流过程中引出本节课的主题，从而激发学生的探究兴趣 3. 学生分队进行交互学习，对交互学习有初步的认识与体验，为接下来开展小组活动做好铺垫
	课件出示： 掷两颗骰子，点数和可能是 2，3，4，5，6，7，8，9，10，11，12。掷两颗骰子，如果点数和是 5，6，7，8，9 则红队赢，如果点数和是 2，3，4，10，11，12 则蓝队赢 引导学生派代表上台来掷一掷	1. 明确点数和是 2 ～ 12 中的数，选择蓝队或者红队，并说明理由 2. 蓝队一组、红队一组进行 PK 3. 蓝队和红队各派代表上台掷一掷 结果：掷骰子，掷出点数和是 5，5，6，8。红队赢 4 次，蓝队赢 0 次	
	师：点数和的个数多，赢的可能性就大吗（板书：多？）	表达对比赛结果的感受	

续表

教学环节	教师活动	学生活动	设计意图
环节3：小组交互实践探究	1. 每组4人，共掷20次。其中2人掷骰子并报告点数，1人算出点数，1人填写记录单，并画条形统计图 2. 引导学生合理分工	1. 小组交流讨论并汇报实验结果 2. 填写记录单，画条形统计图 3. 填写实验结果：红队选择的点数和出现了（　）次，蓝队选择的点数和出现了（　）次。（　）队赢	1. 在教学中，小组成员的分工应当明确，活动前教师给予适当的指导，确保小组活动有序、有效地开展 2. 小组成员分工合作，既能培养团队意识，又能锻炼交互能力
	1. 关注各小组的活动情况，参与小组的交流活动，对各小组进行适当的指导 2. 完成交互活动后，让学生将实验结果通过希沃授课助手上传 3. 引导学生上传记录单，并让学生指定一名成员完成此项工作，避免课堂混乱 4. 倾听学生汇报并提出问题引发学生思考，适时答疑解惑	1. 将实验结果用希沃授课助手上传，将记录单上传至电脑 2. 依次汇报实验结果，并表达感受，说出疑惑	1. 在教师的引导与指导下有序进行小组交互学习，让学生体验交互实验的快乐，培养学生的动手能力和独立思考能力 2. 通过提问引导学生进行对比思考，发展辩证思维
	听完学生的汇报后，引导学生利用条形统计图分析各小组的实验数据，通过比较分析初步发现掷两颗骰子的点数和出现的一般趋势并感悟实验的差异性和局限性 师：观察这几个条形统计图，有什么相同点和不同点	对比思考，回答问题，并举手发言 生：相同点是中间的点数和出现的次数较多，两边的点数和出现的次数较少；不同点是点数和出现的次数不相同	
	1. 请一名学生将各小组的实验数据输入电脑，并让学生观察 2. 提出疑问："有什么发现？" 3. 展示电脑软件，只要输入次数，就可以显示数据结果，引导学生再进行一次实验 4. 引导学生对实验数据进行思考	1. 观察由所有小组的实验数据汇总的统计图，并进行交流思考 2. 针对教师提出的问题进行小组交流并选代表回答 生：中间的数出现的次数多，两边的数出现的次数较少，像"山"字形 3. 输入数字，用电脑进行实验，并对电脑呈现的结果进行思考	

续表

教学环节	教师活动	学生活动	设计意图
环节 3：小组交互实践探究	1. 当学生发现实验不能解释原因时，引导学生通过验证进一步探究背后的数学奥秘（探究每一种点数和共有多少种组合） 比如，点数和 3 有“1+2”和“2+1”两种组合形式 2. 引导学生对实验结果进行思考，并解开数学的奥秘 3. 课件出示卡尔达诺的相关资料	1. 在教师的引导下进行交互验证，并填写记录单 2. 小组交流结果，并依次汇报 3. 对验证的结果进行思考、交流，从而得到启发	数学是严谨的，应当引导学生用数学的思维方式进行思考，验证掷两颗骰子得到的点数和出现的可能性大小，从而揭开其中的奥秘，即数学的本质
环节 4：实践应用巩固新知	1. 课件出示问题，让学生将学习到的新知识进行实践应用 师：你认为赌场中摇骰子的规则公平吗 2. 根据交流情况，适时对学生的价值观、人生观等进行正确的塑造与引导	小组交流、思考，并举手发言	1. 让学生将刚学到的知识进行实践应用，能使学生进一步巩固知识，有利于培养学生独立思考与自主探究的能力 2. 让学生小组合作完成任务，能培养学生的交流能力 3. 将课堂上学到的知识与生活相联系，激发学生的学习兴趣 4. 在数学学习中渗透德育有利于促进学生身心健康发展
环节 5：课堂小结深化知识	1. 引导学生梳理本节课所学知识 2. 课后作业：如果让你来设置游戏规则，你觉得怎样做才能公平	1. 对本节课知识进行总结梳理，形成知识网络，建构知识体系 2. 对教师提出的问题进行思考，课后交流	有利于训练学生的归纳总结思维及能力

（七）练习设计

在课上让学生设计一个公平的游戏规则，作为对课堂知识的实践应用，如“你认为赌场中摇骰子的规则公平吗？”通过课上的实践应用，不仅能使教师了解学生对知识的掌握情况，而且能帮助学生巩固所学知识，让学生了解到数学与生活的密切联系，发展学生的实践思维与能力，激发学生的学习兴趣。

而教师在课堂小结时布置的课后作业“如果让你来设置游戏规则，你觉得怎样做才能公平？”则进一步激发了学生的探究欲望，锻炼了学生的思考能力。

（八）评价设计

本节课综合运用多种评价方式对学生的小组交互情况进行整体客观的评价，从而保证教学质量。

教师评价：主要是在教学活动过程中，对学生的回答以及小组汇报情况进行评价，并适时提出问题引发学生思考，同时根据学情对教学目标及内容进行调整，以促进教学活动的顺利进行。

组间评价：本节课以小组为单位展开交互学习，每组 4 人，在教师引导下对本组及其他组的交流情况进行评价，共同成长。

学生自评：教学结束后，学生根据自己的课堂表现对自己进行合理的评价，促进自我思维、行为及习惯等的形成。

二、教学实际过程描述

学生通过多次小组交互学习探究知识的规律，先进行多次实验，而后进行验证，进一步探究数学的奥秘。

第一，教师在课前做充分的准备，比如，骰子实验记录单、希沃授课助手、电脑软件的安装等。

第二，教学伊始，教师通过谈话导入，创设游戏情境让学生尽快融入生动有趣的数学课堂中。

第三，教师通过发布任务，引导学生进行小组交互学习，并让学生运用先进的设备（如电脑、希沃授课助手等）进行实验，这是本节课的重点内容，目的是让学生通过实验操作发现数学规律，同时引发学生的学习兴趣，锻炼学生的动手能力与操作能力。

第四，引导学生将发现的数学知识运用到生活中，将理论知识应用到实践中，让学生了解数学与生活的紧密联系，从而让学生在巩固数学知识的同时爱上数学。

第五，教师通过设置问题引导学生进行知识总结，让学生在课后进行交流反思，从而达成本节课的教学目标。

三、学生收获

本节课旨在让学生在实验过程中体会到“个数多不代表会赢”的相关数学知识，并能通过思考解决日常生活中的问题，同时对学生进行价值观的熏陶。

在教学过程中，采用交互式教学模式，整个过程循序渐进，让学生通过小组交互、自主探究、实验操作、小组验证等活动学习数学知识，提高数学感受力，通过实际操作体会学习数学的乐趣。

四、教学反思

本课是一节综合实践课。数学新课标中指出：“综合与实践是小学数学学习的重要领域。”[1]通过实验探究知识、运用现代技术探究问题等活动突显了学生的主体性，不但培养了学生的问题意识及提出问题的能力，还激发了学生探究的欲望和浓厚的学习兴趣。

本节课的成功之处：小组交互时，让每一位学生都参与进来，鼓励学生大胆猜测与交流，表达自己的想法与意见，学生探究欲望强烈。在小组交互实验中，各小组成员都扮演好了自己的角色，互相配合与交流，最终成功获得实验结果。将现代信息技术引入课堂，从引导学生对比各小组的条形统计图到观察电脑模拟的大数据条形统计图，培养了学生的数据分析能力。同时，引导学生进行实验验证及探究验证，培养了其科学研究的态度及精神。

本节课的不足之处：首先，应采用多元化的评价方式，将小组交互学习落到实处，使其起到应有的作用。评价的目的是让学生树立自信，而不是分出胜负，要让学生发现自己的亮点，让学生对小组活动充满兴趣。评价应注意及时性和阶段性，要根据具体情况及时进行评价，而有些教学内容的学习则需要给予学生探究时间，而后再进行反思性或阶段性评价。其次，教师要发挥引导及协调的作用，不能让学生产生惰性，出现“一人干活，全员休息”的情况。

参考文献：

[1] 中华人民共和国教育部 . 义务教育数学课程标准（2022 年版）[S]. 北京：北京师范大学出版社，2022.

第四节

在实践中体悟数学

——以《年、月、日》的教学为例

一、教学设计

（一）设计理念

贯彻数学交互式教学模式“交互、交流、互动、互助”的基本要求，首先对教学内容和方向进行统筹规划，注重以学生为本，充分发挥学生的主观能动性，让学生在交互中学，在交互中互动，在交互中学习年、月、日相关知识，掌握年、月、日之间的关系，提高交流意识及能力。在《年、月、日》的教学中，学生根据任务要求探索年、月、日之间的关系，体验“生活中处处有数学”。

（二）教学目标

1. 认识年、月、日，掌握年、月、日之间的关系。
2. 经历探索年、月、日的过程，培养探究能力与交互意识。
3. 体会所学知识与生活的联系，感受生活中处处有数学。

（三）学情分析

三年级是学生学习习惯、学习态度从可塑性强转向逐渐定型的重要过渡阶段。运用交互式教学模式可以让学生锻炼交流能力，培养学生向同伴学习的能力，使学生在互动互助中互相激励、相互督促，养成良好的习惯。

三年级学生自控力不强，独立意识较强，运用交互式教学模式可以培养学生的交互意识与能力，锻炼学生的自控力。

（四）教学内容分析

1.教材内容分析

本节课是人教版小学数学三年级下册的内容。学生在学习本课之前已经在三年级上册学习了《时、分、秒》，具备了一定的知识储备；同时，学生在实际生活中也积累了有关年、月、日的感性经验，有助于本课的学习。本单元内容正是在此基础上设计的，旨在让学生系统学习年、月、日这些生活中较长的时间单位。教材选取和学生生活紧密联系的素材，首先从有意义的日子引入，然后利用年历、月历进行一系列探究活动，让学生思考、探索、交互、交流，帮助学生学习相关知识。

2.教学重难点

教学重点：认识时间单位年、月、日，掌握它们之间的关系。

教学难点：大月、小月的掌握。

（五）教学模式与策略设计

教学模式：遵循交互式教学模式的理念，注重交互式教学模式与数学学科的深度融合，结合三年级学生的心理特点、年龄特征、兴趣倾向等，运用多种形式的小组交互活动将课堂串起来，构建和谐、平等、互动、开放的智慧课堂，既锻炼学生动口、动脑、动手的能力，又提升学生基本的核心素养。

教学方法：创设多样的问题情境，让学生密切联系生活实际进行回答，有效树立“数学来源于生活”的思想；采用形式多样的交互活动激发学生的学习兴趣，使其厘清年、月、日之间的关系，在小组学习中探寻数学的奥秘。

问题情境创设：在课堂的预热环节，先让学生猜老师的出生时间，并让学生说出自己的出生时间，接着引导学生发现其中的规律，通过出示图片的方式揭示主题；在课堂的结束环节，引导学生提出一些问题，并让学生课后去探索心中的疑问，以问题情境的创设结束本节课。

交互活动：让学生根据环节 2 的学习目标完成题卡，以小组为单位探索年、月、日之间的关系，培养学生的交流协作能力，引导学生对本小组进行评价，对其他组进行质疑、补充。

（六）教学活动设计

教学环节	教师活动	学生活动	设计意图
环节 1：情境导入课堂热身	1. 创设问题情境，猜老师的出生时间，说自己的出生时间 2. 出示图片（北京奥运会、国庆节、教师节、儿童节等），揭示主题	独立思考，积极讨论，观察图片，各抒己见	联系学生生活创设问题情境，有利于将学生快速带入课堂中
环节 2：交互探索研究年历	1. 请组长拿出年历卡片和题卡，以小组为单位自主完成题卡 2. 巡视督导，了解学情 3. 根据学生的汇报引导学生对比研究成果 4. 实时给予建议，进行总结 5. 经过对比，引出特殊的月份——2 月 6. 厘清月份的分类后，引导学生运用歌谣记忆法、拳头记忆法记住大、小月 7. 课件出示传统节气歌，引导学生领略祖先的智慧 8. 探究年、日之间有什么关系	1. 以小组为单位进行探究，完成题卡，达成学习目标 学习目标如下： （1）一年有多少个月 （2）每个月有多少天 （3）观察每个月的天数，你有什么发现？怎样给月份分类 2. 各小组依次汇报成果，并对比思考各组的研究成果 3. 经过引导得出月份分类（大月：31 天；小月：30 天；2 月是一个特殊的月份） 4. 朗读歌谣，尝试用拳头记忆法记忆大、小月，并学会将其运用到生活中	通过小组交流探索，培养学生的自控力以及交流能力。通过以小组为单位自主探究的学习方式，让学生自己研究年历、整理年历，得出结论，有利于培养学生的自主探究能力

续表

教学环节	教师活动	学生活动	设计意图
环节 2：交互探索研究年历	9. 引导学生对两种计算结果进行思考	5. 以小组为单位进行探讨，各小组汇报计算结果，得出两种计算结果（一年有 365 天、一年有 366 天） 6. 思考问题，互相探讨，得出答案（2 月可能有 28 天，也可能有 29 天，一年就可能有 365 天或 366 天）	
环节 3：运用新知解决问题	利用年、月、日之间的关系，创设游戏情境 （1）日：火眼金睛，我会辨 让学生判断正误，并说明理由 （2）月：数学小医生 修改数学小日记中的错误，并说明理由 （3）年：生活小常识 从食品安全问题引入：小兰买了一瓶生产日期为 2013 年 3 月 29 日的酸奶，保质期为 12 天，她准备今天早上喝（4 月 10 日），请问这瓶酸奶还能喝吗 引导学生产生认知冲突，通过数日历的方法得出结论	接受挑战，巩固新知；交流互动，解决问题 （1）借助所学知识判断正误，并说明理由，积极与教师进行互动 （2）阅读数学小日记，修改日记中的错误，大胆发言，交互探讨，积极与教师、同学互动 （3）阅读题目，根据所学知识得出结论，并说明理由	通过创设游戏情境，让学生巩固年、月、日的知识，从而更好地达成知识与技能目标。在解决酸奶能不能喝的问题中，先对学生进行食品安全教育，调动学生的学习积极性，激发学生的学习兴趣
环节 4：总结本课探索思考	引导学生提出问题，并鼓励学生课后与同伴交流解决，关注学生的进展	想办法运用多种形式解决问题，可与教师、同学对话交流	培养学生的自主探究能力、独立思考能力及探索能力，为其奠定终身学习的基础

（七）练习设计

环节 3（运用新知，解决问题）：在学生厘清了年、月、日之间的关系后，设计练习，帮助学生巩固所学知识，这不仅能让学生查漏补缺，还有利于教师掌握学情。

环节 4（总结本课，探索思考）：在课堂的最后，教师引导学生针对本节课内容提出一些问题，并鼓励学生课后解决。问题的解决方式多种多样，如上网查询、图书馆查找、师生及生生交流等，能大大提高学生的自主探究能力，有利于学生的终身发展。

（八）评价设计

环节 2（交互探索，研究年历）——他人评价与自我评价相结合。课上教师发布小组任务，让学生以小组为单位完成。小组按顺序汇报计算结果，不仅要对本组的答题情况进行合理的评价，也要对他组进行质疑、补充、评价。教师需要对各组的评价进行适当的补充。

环节 3（运用新知，解决问题）——设置问题情境，帮助学生了解年、月、日之间的关系。引导学生在做题的过程中说出原因，能使教师了解学生的知识掌握情况，进而对学生进行过程性评价。

二、教学实际过程描述

遵循交互式教学模式的理念，按照交互式教学模式的基本方法，本课教学实际过程如下。

第一，教师让学生猜自己的出生时间，并让学生说出自己的出生时间，结合实际生活设计问题情境，有利于引导学生快速进入课堂学习中，初步体会数学与生活的紧密联系。之后通过图片出示特殊日子的时间（如北京奥运会、国庆节、教师节、儿童节等），揭示课题。

第二，教师发布题卡、年历和导学案，让学生以小组为单位完成任务。明确学习目标：（1）一年有多少天？（2）每个月分别有多少天？（3）根据每个月的天数，怎样给月份分类？

第三，教师巡视督导学生交互探究的全过程，学生按顺序汇报研究成果。引导学生对各组的研究成果进行对比，从而发现年、月、日的规律。引导学生借助拳头记忆法、歌谣记忆法对大月、小月进行记忆，从而将生活与数学联系起来，让学生树立“数学来源于生活”的思想，进一步激发学生学习数学的兴趣。

第四，让学生通过做题（日：火眼金睛，我会辨；月：数学小医生；年：生活小常识）来巩固所学知识，创设的题目充满趣味性，能激发学生探索的兴趣，帮助学生查漏补缺，使学生及时对所学知识进行调整、巩固与提升。

第五，教师引导学生对今天学习的知识进行总结，并提出自己的疑问。教师不直接给出答案，而是给予学生空间与时间去探索未知的世界，促进学生身心的和谐发展。

三、学生收获

学生都能根据学习目标完成小组交互活动，各小组积极探索、汇报、交流、评价。教师通过习题帮助学生巩固所学知识，发现大多数学生都能掌握知识。教学结束后，教师与学生保持密切联系，实时了解学生的学习情况，发现虽然有些学生无法解决某些问题，但大多都勇于探索、积极思考。

四、教学反思

《年、月、日》是一节与日常生活联系紧密的课，与生活高度相关，有利于激发学生的学习兴趣，让学生加深对“数学来源于生活”的认识。

本节课的亮点：（1）运用了多元化的学习方式，尤其突出学生的小组交互活动，不仅使学生的自主探究能力得到提升，还提高了学生的交互交流能力。（2）注重数学与生活的紧密联系。创设的生活情境能激发学生的学习兴趣，构建高效课堂。让学生在现实情境中进行学习，有助于学生将数学知识运用到生活中去。

本节课的不足：（1）教学的即时性需要提高。虽然在课前做好了充分准备，但课堂上还是出现了一些无法预料的情况，教师应在课后进行反思与探索，以便下次教学时能更好地应对课堂中的即时生成。（2）学生的交互能力偏低，教师应加强引导。虽然学生参与课堂活动时比较积极，学习兴趣浓厚，但交互能力偏低，教师需要加以引导，多设置需要交互学习的活动，以提升学生的交互能力。

第五节

在主动中构建数学

——以《四边形内角和》的教学为例

一、教学设计

（一）设计理念

随着各种新教学理念的兴起，传统的教学模式已经无法适应当下快速变革的时代。交互式教学模式是一种积极的教学方式，能使学生由“被动”变为“主动”，对学生思维能力、动手能力的提高具有显著的作用。本节课将以《四边形内角和》的教学为例，探讨交互式教学模式在数学课堂中的作用。

（二）教学目标

1. 通过探索发现四边形内角和的度数，并应用这一规律解决问题。

2. 能主动参与到探索和发现四边形内角和是 360 度的过程中，知道探索多边形内角和时，如何把其转化为三角形。

3. 体会数学知识之间的联系，培养实事求是的科学态度，发展空间观念。

（三）学情分析

学生是学习的主人，全班学生的科学素养、实际能力等参差不齐，交互式教学模式正好可以使每个学生都投入其中，都得到发展，都能发挥主观能动性，从而提升课堂教学效率。

（四）教学内容分析

1.教材内容分析

本课是人教版小学数学四年级下册第五单元中的内容，这一模块属于图形与几何领域的知识，学生已经在前面的学习中研究了三角形的内角和。在研究三角形内角和时，学生通过拼剪、折一折等方法，把三角形三个内角转化为一个平角，这为研究四边形内角和奠定了基础。

2.教学重难点

教学重点：通过动手操作探索发现四边形内角和的度数，并应用这一规律解决问题。

教学难点：能主动参与到探索和发现四边形内角和是360度的过程中，知道探索多边形内角和时，如何把多边形转化为三角形。

（五）教学模式与策略设计

本节课采用交互式教学模式。交互式教学模式将学生被动的学转化为主动的学，即教师由以往的“教”变为辅助学生“学”。通过师生的互动，使数学学习变得更加有趣和奇妙，使学生沉浸在学习中。师生之间的“强交互”，能够激发学生的主观能动性，使学生理解、运用知识的能力大大提高。

（六）教学活动设计

教学环节	教师活动	学生活动	设计意图
环节1：课前准备科学分组	1.用课件展示本节课的教学目标，引导学生明晰本节课的主要内容，顺利引入本次课程	1.熟悉组员，明晰任务，确认分工 2.认真观看学习资料，自主思考，积极交流探讨	根据学生的实际情况进行分组、分工，既能促进学生之间的良性竞争，又能使学生之间优势互补

续表

教学环节	教师活动	学生活动	设计意图
环节1：课前准备科学分组	2. 分组：根据学生的学习能力，将学生分为优秀、良好、一般三个层次，采取1∶2∶1的方式4人为一组，即优秀1人、良好2人、一般1人，共4人 3. 将学习资料发送到每位学生的电子设备上，将提前准备好的学习用品发放到各个小组，确定并分配小组任务		
环节2：屏幕展示情境导入	师：（展示三角形）这是什么图形？你了解它吗？请同学介绍一下	回答老师提出的问题（三条边；三个内角；三个顶点；内角和为180°；两边之和大于第三边）	教师提前将学习资料发送到每位学生的电子设备上，让学生有充足的时间进行自主思考及小组讨论
环节3：思考问题加强交流	1. 提出问题 （1）剪下三角形的一个角，还有几个角 （2）请对剪过的三角形进行口头描述 （3）如何得到四边形内角和是360°，这个猜想对吗？如何进行验证 2. 巡视指导，维护现场教学秩序	小组讨论，用课前准备好的学习用品验证猜想，大胆交流探讨，获取不同的想法	将问题抛给学生，让他们进行交流探索，有利于培养学生的主体意识，以及对数学学习的兴趣
环节4：成果展示点评交流	1. 教师依次对各小组成果进行点评 2. 指导学生通过交互白板展示讨论成果，有针对性地进行评价，帮助学生加深印象	1. 分组进行成果展示，交流想法 2. 各小组之间进行探讨，分析理由，互相辩论	展示成果，展现思考，能培养学生深入交流与表达的能力
环节5：总结发言深化知识	进行总结发言，并针对问题引导学生进行反思，对学生的良好表现进行表扬	课后进行独立思考，反思各小组的发言，总结成果	课后反思总结，深化课堂

（七）练习设计

本节课无书面作业，以学生课后自主思考为主，旨在让学生形成独立思考的能力。课后，教师的针对性建议会发送至每一位学生的电子设备中，学生可根据教师的针对性建议去纠正错误的思维习惯，形成良好的学习习惯。

（八）评价设计

综合运用多种评价方式对学生小组交互情况进行整体、客观的评价，从而保证教学质量以及教学的有效进行。

教师评价：教师借助电子设备的实时追踪功能，时刻关注学生的任务完成情况，及时对学习能力较差、探讨方向出现偏差的学生进行引导，适当补充，给出建议，同时对探讨进行不下去的小组给予提示，使各个层次的学生都得到相应的帮助，推动课堂教学的顺利进行。

各组展示成果后，教师给予点评，对于学习有困难的学生来说集中展示讲解，能纠正他们的错误思维习惯，使他们养成独立思考的能力，同时能帮助他们及时掌握知识；对于学习较好的学生来说集中展示能引导其进一步拓展延伸相关知识，从而使每一位学生都得到发展。

组间评价：本节课以小组为单位开展交互学习，每组 4 人，在教师引导下对本组以及其他组的学习情况进行评价，提升学生的表达交流能力。

学生自评：课堂结束后，学生可借助电子设备回顾自己的课堂表现，进行自我评价。

二、教学实际过程描述

本节课通过电子设备辅助教学，通过师生、生生之间的交互，让学生感受数学的奇妙。

首先，教师在课前做了充分准备，比如，三角形白纸、剪刀等，给每位学生的电子设备发送了资料包，同时做好分组工作，提前摆放好桌椅，方便学生交流探讨。

其次，通过屏幕展示导入教学内容，抛出几个问题让学生去思考，同时让各小组上传讨论情况。教师对学习较差的学生及小组给予指导和建议，根据学生的讨论情况对教学进度进行调整，提高教学效率。

再次，学生通过电子设备上传学习成果，教师实时查看并点评；各小组依次上传学习成果并汇报，其他小组及教师针对其汇报内容进行交流讨论，这有利于学生内化知识，形成学习的主观能动性。

最后，教师总结本节课内容，并有意识地引导学生进行课后反思。

三、学生收获

交互式教学模式能增加师生之间的互动，形成“强交流”，增强师生、生生之间的交互体验，使学生成为课堂的主人；能活跃课堂气氛，使课程安排紧凑、循序渐进；能锻炼学生的自主交流意识及能力，培养学生的团队合作精神，使学生在讨论过程中体会到数学的奥妙，培养核心素养。本节课，学生小组合作探索任意四边形内角和，通过拼接直观地得到四边形内角和，培养了直观想象能力。

四、教学反思

教学《四边形内角和》，不仅需要基于学生以往的知识，还需要学生运用空间想象能力。

本节课的亮点：（1）电子设备的辅助。电子设备的辅助使得交互式教学模式更加高效，同时拓宽了师生、生生之间的交流渠道，线上、线下相结合，让学生学会运用电子设备辅助学习，增加了学生学习数学的渠道，同时能使学生更加主动地学习，保证每一位学生都能发言，兼顾了所有学生。（2）注重师生的双向有效互动，使合作学习在师生之间更容易实现。交互式教学模式需要教师付出大量精力备课，从而使学生在课上得到相应发展；交互式教学模式注重学生的主体性，使师生教学相长，同时提高教学效率。

本节课的不足：电子设备运用不够熟练。学生与教师不能很快适应时代的发展，电子设备的许多功能还有待挖掘，不能熟练运用电子设备，会无端耗费课堂时间，使得教学未达到预期的效果。

第四章
英语交互式教学模式及经典案例

《国家中长期教育改革和发展规划纲要（2010—2020 年）》提出："到 2020 年，基本建成覆盖城乡各级各类学校的教育信息化体系，促进教育内容、教学手段和方法现代化。"这就要求我们的教育要利用先进技术，整合有效资源，创建良好环境，使课堂多元化，促进学生的全面发展。结合当今社会对英语教学改革的具体要求，我们在湛江市第十六小学的"智慧课堂"行动研究中探索并建立了英语交互式教学模式，下面结合三个英语交互式教学的经典案例，向大家介绍英语交互式教学模式的基本概念及实施流程，供教育者借鉴参考。

第一节

英语交互式教学模式

一、英语交互式教学模式概述

（一）基本理念

教学交互行为是教学交互的具体表现形式，是深入研究现代互动教育、挖掘智慧课堂教学本质的重要依据。英语交互式教学模式是在丰富的物化环境支持下，教师根据一定的教学目标指向，引导学生在交流合作的过程中进行有效的双向交互，促使其认知结构产生有意义的变化，最终完成知识的传递与建构。英语交互式教学模式要求教师充分利用现代信息技术，时刻突显学生的主体地位，在课堂上有意识地引导学生进行多向沟通，培养学生的创造性思维及交互合作能力，在课堂对话中逐步实现教学成效的质的飞跃。

（二）基本原则

1.主体性和平等性相结合

教师是课堂的主导，学生是学习的主体，英语交互式教学应始终坚持“双主”课堂角色模式，师生享有平等的话语权。主体性原则强调“以学生为中心”，教师要树立现代教育思想，将课堂真正还给学生，尊重学生的独特体验与情感认知，帮助学生从被动的知识接收者转变为主动的学习研究者，还要注重培养学生的主体意识，引导学生自主探索发展路径，将学习转变为自觉行为；平等性原则要求教师摒弃以往“满堂灌”的教学方式，为学生提供自由实践的平台以及畅所欲言的机会，充分唤起学生的求知欲，激发学生的学习潜能。此外还要努力建立尊重、融洽的师生关系，使学生能够大胆、主动地与教师互动，实现师生之间平等的交流与对话，最终实现师生人格平等、教学相长。

2. 体验性和情感性相结合

在教学活动中，学生的心理状态是影响其行为及学习效率的重要因素之一，因此必须重视学生的情感体验，帮助学生建立积极的心理暗示。体验性原则强调教师教学时，要尽可能营造真实的课堂情境，有意识地调动学生的生活经验和认知体验，引导学生产生情感共鸣，激起情感涟漪。同时，教师要引导学生重视学习的过程，学会在体验的过程中获得学习感悟，真正做到主动参与、深入参与和广泛参与。情感性原则强调教师在安排教学活动时，要利用现代信息技术，创新教学形式，使学生能够全身心地投入多种形式的学习活动中，并始终保持轻松愉悦的心理状态，逐渐养成“懂学、好学、乐学”的学习习惯，在快乐的体验中逐步完成相关知识的有效迁移，提高学习效率。

3.开放性和生成性相结合

智慧课堂本身就是灵活多样的，在运用英语交互式教学模式时，教师应当充分考虑课堂的真实性和多元性，坚持开放性和生成性相结合。英语交互式教学模式的开放性主要体现在对多方面教育资源的统整上，如对教学素材（音频、文本、幻灯片）、教学手段（电子白板、电子书包、智慧终端）、教学形式（直观感受、感知体验、探究实践）等的统整，需要教师时刻关注课堂的即时性和创新性，充分利用丰富的教学资源，对教学素材进行重组，整合归纳知识，多途径、多方面地提高学生知识的广度和深度。生成性原则要求教师还原课堂本真，追求自然的课堂形态，保护学生的求知欲和好奇心，发展学生的创新思维，并能够适度地把握和调控实际教学空间，善于捕捉和分析课堂的预设性内容及生成性因素，引导学生灵活调动自身已有知识，生成经验，内化认知。

二、英语交互式教学模式的基本流程

英语交互式教学以学生为主体，教师为主导，主要采用“课前情境创设+课中实践探究+课后巩固提升”的流程模式，包括教师教学的5种形式、学生学习的5种方式，它们共同构成了完整的“课前—课中—课后”英语交互式教学模式。

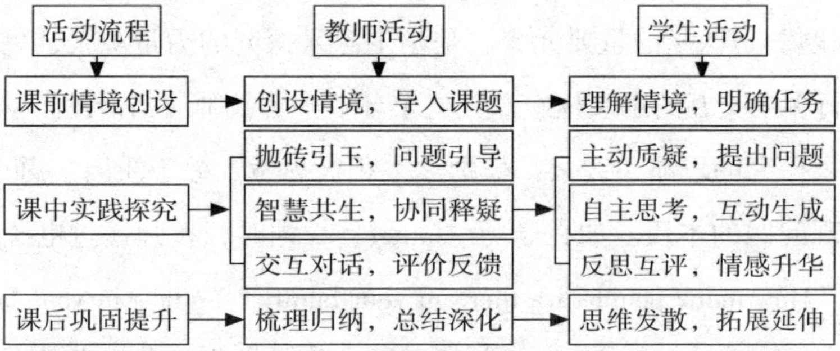

图1 英语交互式教学模式的基本流程

（一）课前情境创设

通过创设真实的情境，营造轻松活跃的课堂气氛，引导学生自觉主动地将新知识与旧知识进行关联，完成知识的迁移。传统的情境创设，更多的是依靠教师的口头语言或单一的文字、图片，学生的情感体验仍停留在任务浅层，对知识的理解不到位，难以有深刻认知。而英语交互式教学模式下的情境创设则通过现代多媒体技术，充分利用丰富的素材资源库，将学生引入熟悉且生动的学习环境之中，调动学生已有的生活经验，使学生产生情感共鸣，进而逐步突破教学重难点，促成学生认知结构的完善，大大提高课堂教学的效率，这充分填补了传统教学功能的空缺。

（二）课中实践探究

课前，教师根据教材内容及学情，设定具体的教学目标，使教学有所指向，并运用多种教学资源，创设生动的学习情境，初步激发学生的学习欲望，启迪学生的学习思维，引领学生逐步进入学习状态。课中，教师注重培养学生的自主探究能力和动手实践能力，有针对性地对学生进行指导点评，利用“脚手架”帮助学生在质疑和验证的过程中不断提升自我认知，促使学生完成自我知识体系的搭建。

1.抛砖引玉，问题引导

“问题”是课堂的重要元素，是学生深入探究的力量源泉，更是师生之间进行多向交互的思想枢纽。在这个环节中，教师应当借助教学资源为学生提供探究的思路、线索，鼓励学生积极思考、敢于质疑、勇于表现，逐步发现问题的本质。如在学习“father”一词时，教师通过电子白板随机出示“How many people are there in your family？ Who's in your family？ Who else will be in your family？”等问题，给予学生充分思考的时间，让学生结合自身生活经验进行思考，并在不断的练习迁移中引申出更多关于“family，members”的单词，达到举一反三、拓展延伸的学习效果。同时注意引发学生的认知冲突和探索欲望，拓宽学生的思维空间，帮助学生逐步突破固有的思维模式，发展创造性思维。

2.智慧共生，协同释疑

教师借助多样的学习资源，为学生提供探究的任务和支架，帮助学生深入文本、发散思维、探索创造，引导学生发挥集体的力量，进行师生、生生之间的语言交互以及思维碰撞，在鲜活观点的迸发下实现实践性思维的训练，逐步完成知识意义的自主建构。在这个环节中，教师应当充分发挥引导作用，结合教学实际，为学生设计并提供有效的任务支架，逐步引领学生借助相关的学习资源，化繁为简，进而达成学习目标。如在教授*Toby's Dream*一课时，教师可以借助电子白板的拖动、书写、绘画等功能，为学生提供有关Dream的表格，引导学生自行梳理Toby's Dream的相关内容，调动自身生活经验，迁移相关句型，得出有关My dream的内容，并在小组内交流分享。

3.交互对话，评价反馈

在课堂的尾声，需要对整节课进行总结，这就需要教师有技巧地梳理和提取教学内容，整合与归纳学习方法，帮助学生完成知识体系的构建和完善。在这个过程中，教师可以安排一些与课程内容相关的游戏活动，提高学生的注意力。如在教授*What Are Those Farmers Doing*?一课时，可以设计有关farmers的故事汇，通过音频以及多媒体的3D效果，创设一个有趣且贴合生活的情境，引导学生进行故事想象和续编，以此训练和发展学生的创新思维能力。在充分思考后，教师鼓励学生积极分享自己的想法，在组间或组内进行“故事比拼”，让学生在思维碰撞中再次明晰自身的思考方向，提高理解能力，并通过对比和反思，不断完善自身的学习方法。

与此同时，教师需要对学生的实际情况及时进行点评和指导，树立学习典型，激励其他小组，逐步帮助学生树立竞争意识，使学生在平等对话和体验中完成知识的融合，不断提高学习素养。

（三）课后巩固提升

最好的教学是让学生在课堂结束后感到意犹未尽，回味无穷。教师必须重视学生学习的延展性和拓展性，打破时空限制，尽可能为学生提供多样化的课后学习活动。教师可以利用多媒体的存储、传输、交流等功能，加强师生、生生的交互；通过布置相关的练习，引导学生温故知新、巩固提升。同时，交互式学习强调取之于生活、用之于生活，教师应当重视学生的知识运用能力和文化选择能力，引导学生将知识灵活运用到实际生活中，并验证相关理论，实现学做结合，学以致用。

三、英语交互式教学模式的实施策略

（一）保证交互的感染性和教育性，提升教学效率

交互是人类对话沟通的桥梁，是多方主体思维碰撞的重要途径之一。在应用英语交互式教学模式时，教师应避免将交互作为课堂的点缀，或僵化地走流程，而应充分保证课堂的完整性，强化交互式教学的功能，将具有教育意义的交互作为培养学生思考、表达、交际等能力的重要手段，为学生营造良好的交互氛围，激发学生参与的兴趣，不断引导学生在交互的过程中获得情感认知、意志培养、思维启迪、视野拓展，获得正确的价值观，提高课堂教学效率。另外，实现英语交互式教学效果最大化还体现在教师和学生之间的平等对话与交流中，教师是教学的协调者而非主宰者，因此要打造有效的交互式课堂要求教师必须为学生提供必要的心理支持环境，尽可能调动学生的学习积极性，唤醒和培养学生的主体意识，使学生

能够自主参与到课堂之中，发挥自身的主观能动性，大胆表达自己的思想、观点和看法，逐步实现智力和非智力因素的全面发展。

（二）注重交互的丰富性和创新性，打造智慧课堂

在信息爆炸的新时代，课堂交互的方式、手段及途径层出不穷，给教师带来了极大的便利，也大大提高了课堂教学的效率。在这种教学趋势下，教师应当树立现代教育观，在全面衡量学生的学习情况及课堂生成的基础上，把握好现代技术与教师传授的比重，合理地安排和利用现代交互工具，为学生提供恰当、精准的直接或间接的交互方式，保证交互的丰富性与科学性。同时，教师应具备与时俱进、推陈出新的价值观，不断更新教育理念，利用多样化的交互资源，开发出适合学生发展的交互模式，并由此打造智慧课堂，将学生带入丰富的交互环境中，培养学生的创新意识，不断提升学生的审美能力和创新能力，培养现代创新型和复合型人才，全面提高教学质量。

第二节

感知与体验

——以 *Food and Drink* 的教学为例

一、教学设计

（一）设计理念

近年来，湛江市第十六小学着力于英语交互式教学研究。英语交互式教学就是借助现代交互式媒体的多项功能，如标注书写、图片编辑、导入扩展、遮罩移动、存储记录等，创设语言交际环境，帮助学生在实践探索中习得第二语言，全面提高综合语言的运用能力。本课教学旨在充分运用交互式教学与智慧课堂，创设真实的语言环境，引导学生在轻松的氛围中提高英语听、说、读、写能力，并逐渐从学习的过程中体会英语学习的乐趣。

（二）教学目标

1. 掌握单词 jam，ice cream 以及句式 Do you like…？ Yes，I do/No，I don't 的含义及用法，能够利用其进行对话创编，并能灵活运用到具体情境之中。

2. 借助交互电子白板的资源库，在多种形式的教学活动中理解文本内容，掌握知识要点。

3. 通过多方面的学习体验，提高语言运用能力和自主学习能力，并在练习中不断突破自我，感受语言的奥秘，收获学习的快乐。

（三）学情分析

本课的授课对象是具有一定外语学习基础的小学三年级学生。一方面，他们在过去的学习中，对26个英文字母以及日常的英语单词已经有了一定的了解，为本课的学习打下了较好的基础。另一方面，三年级的学生正处在由低年级向中年级过渡的关键期，他们活泼好动，思维活跃，注意力常常难以集中，这在一定程度上会影响整体的教学效果。因此，在实际教学中，应注重通过多种形式的课堂活动激发学生的学习兴趣，调动学生已有的知识经验，帮助其将注意力集中到课堂上，提高教学效率。

（四）教学内容分析

1.教材内容分析

本节课主要从人教版小学三年级下册 Unit 5 *Do You Like Pears* 出发进行教学，考虑到第二语言的复杂性以及学生对英语知识的接受能力，特将本节课设定为课文学习前的导学课 *Food and Drink*，旨在给学生搭建学习的“脚手架”，让学生能够循序渐进地掌握英语学习技巧，提高听、说、读、写能力。

2.教学重难点

教学重点：理解本课所学单词和句子的含义及其用法，并能达到听、说、读、写等学习要求。

教学难点：掌握语言技能，能够将学到的单词或句子灵活运用到具体语言环境中。

（五）教学模式与策略设计

本节课主要采用英语交互式教学模式，强调以生为本，努力培养学生学习英语的积极态度。教师遵循“以学定教”的教学理念，结合学情，借助交互式电子白板中丰富的教学资源以及多样化的教学形式，引导学生逐步达成学习目标，实现综合语言能力的发展。课前，教师布置预习任务，帮助学生初步感知学习内容，打下学习基础。课中，教师借助动画视频带领学生走进学习情境，并通过字母抢猜、歌谣创编等游戏，调动学生学习的积极性，提高课堂效率。课后，通过线上平台检测学生的实际学习情况，促进家校、师生之间的多向交互对话，延展学生学习的意义。

（六）教学活动设计

1.课前准备

（1）教师主导：提前准备好电子白板、录音机、投影仪等设备，通过家长群布置预习任务。

（2）学生主体：在家长的帮助下，借助电子设备预习相关内容，按教师的要求提前分好学习小组。

2.课堂活动[1]

教学环节	教师活动	学生活动	组织形式
Step One：Warming up and Revision（热身与复习）	1. 借助电子白板，使用超链接播放动画视频 *Do You Like Grapes*，营造轻松的课堂氛围 2. 利用资源库，展示与本课内容相关的图片，为接下来的教学做好铺垫 3. 通过电子白板展示猪八戒的图片，并创设野餐情境：猪八戒想请大家去野餐，准备了很多食物。询问学生："Can you guess what they are？"（猪八戒可能为野餐准备哪些食物）引导学生进入学习情境	1. 主动与教师、同学问好，认真观看动画视频，尽快将注意力集中到课堂上 2. 借助丰富多彩的图片进行联想，回忆并复习已学的字母和单词。 3. 跟随教师的节奏进入学习情境，针对教师所提的问题进行头脑风暴，畅所欲言	教师引导，电子设备辅助教学，情境创设，头脑风暴

续表

教学环节	教师活动	学生活动	组织形式
Step Two：Presentation and Leading in（展示与导入）	1. 展示猪八戒狼吞虎咽的图片，再次创设情境，并询问学生："Can you guess what they are ？"（猪八戒可能偷吃了哪些食物？）引出新单词 2. 展示课文内容，由新单词引出新字母，指导学生进行读写训练 3. 由单词引出问题句式"Do you like ice cream/juice/jam ？"逐步呈现本课的语言知识点 4. 结合课文内容播放动画视频，引导学生全面理解本课对话内容	1. 根据图片展开丰富的想象，结合预习内容进行适当的联想和发挥 2. 在教师的引导下仔细观察新单词，学会书写新的单词、字母 3. 初步感知本课的重点句式，并与同学交流自己的想法 4. 深入理解课文内容，结合自己的理解进行跟读	教师启发，问题导向，读写训练，畅所欲言
Step Three：Practice and Consolidation（操练与巩固）	1. 利用电子白板的遮罩、投影等功能，出示所学单词、字母的部分笔画，让学生进行单词、字母抢猜，再次调动学生的学习热情 2. 提供丰富多彩的音乐资源，激发学生的创造力，组织学生进行单词、字母歌曲创编	1. 踊跃投入单词、字母抢猜游戏中，根据电子白板的提示，迅速朗读并比划出完整的单词、字母，初步巩固所学内容 2. 小组内分工合作，根据单词、字母的发音规律，共同完成字母歌曲的创作	教师统筹，趣味游戏，小组合作，多维互动
Step Four：Expansion and Evaluation（拓展与评价）	1. 调用电子白板中的试题库，为学生提供拓展练习，如用"like or dislike"进行造句训练，引导学生灵活运用所学知识 2. 鼓励学生结合本课内容谈谈自己的收获，并在班级内部进行互评	1. 借助电子白板完成教师提供的拓展练习，巩固本课所学知识 2. 进行交流互评，培养语言表达能力和学习信心	教师组织，知识迁移，拓展提升，生生互评

（天津师范大学　张玲）

（七）练习设计

1. 线上推送精选练习题，要求学生借助平台的相关功能，模仿课文原声进行朗读音频录制，并及时分享到线上讨论区，学生互评，借鉴学习。

2. 鼓励学生根据自己对相关单词意义、用法的理解，对课上创编的歌曲进行修改完善，并向家人朗读展示。

这样设计的意图是在新授课的基础上，借助现代交互式学习平台，将学习由线下转移到线上，打破时空的限制，延展学习的意义，促使学生更为详尽系统地理解和把握相关内容。同时，两项作业都有助于学生及时巩固所学知识，提高学习质量，与家长的互动有助于提高学生的学习乐趣，增强其学习信心。

二、教学实际过程描述

本案例深入贯彻智慧课堂“以学生为主体、教师为主导”的教学理念，采用英语交互式教学模式进行教学。在整个教学过程中，教师通过电子白板等交互设备，创设有效的学习情境，引导学生在多种形式的教学活动中主动学习，不断获取知识。

课前，教师需要主动了解并熟悉相关的电子设备，提前准备好教学材料，并在线上推送预习任务，提醒家长监督学生完成线上的预习任务，初步感知学习内容，奠定学习基础。

课中，教学的实际流程主要分为四个环节：Warming up and Revision（热身与复习）—Presentation and Leading in（展示与导入）—Practice and Consolidation（操练与巩固）—Expansion and Evaluation（拓展与评价）。

Step One：Warming up and Revision（**热身与复习**） 上课伊始，教师利用超链接为学生播放动画视频，营造轻松的课堂氛围，调动学生的学习积极性。随后调用电子白板中猪八戒的图片，相机提问学生，引导学生根据图片发散思维，同时借此机会复习本单元所学的字母和单词，为接下来的学习打下基础。

Step Two：Presentation and Leading in（**展示与导入**） 教师再次借助电子白板展示贪吃的猪八戒形象，让学生结合已学内容进行合理的猜测与想象，自然而然地引出新单词。随后教师由新词引出新字母、新句式，并对相关字母的书写和句式的使用进行讲解，帮助学生构建新知，学会书写相关字母并跟读重点句子。紧接着教师播放与本课内容相关的动画，引导学生深入理解文本内容，让学生在感知和训练中逐步突破重点，化解难点，从而全面提高学生的听、说、读、写能力。

Step Three：Practice and Consolidation（**操练与巩固**） 教师利用电子白板开展猜单词游戏，引导学生积极参与，调动课堂气氛，提高学生学习效率。随后教师利用电子白板中的音乐资源，鼓励学生发挥创造力，小组协作完成字母歌曲的创作，使学生在趣味互动中巩固所学知识。

Step Four：Expansion and Evaluation（**拓展与评价**） 教师调取电子白板中的试题库，为学生提供相关拓展练习，引导学生将所学知识灵活运用到特定情境之中，巩固所学知识，进行知识的有效迁移。随后教师鼓励学生畅所欲言，积极分享本节课的所得所感，培养学生的语言表达能力。同时指导学生在班级进行多向互评，实现师生之间的交流互动，达到教学相长的理想效果。

三、学生收获

学生收获主要通过学生课堂上的具体表现及课后练习呈现。课中，学生能够紧跟教师的步伐，从单词到字母，再到句子，逐一掌握重点，突破难点，完成学习任务。同时，大部分学生能在多样化的游戏活动中掌握语言知识要点，循序渐进地发掘语言学习的规律，感受学习的快乐。课后，学生能够通过学习平台获取信息资源，巩固所学知识，延展学习意义，收获颇丰。

四、教学反思

本课教学，以信息技术为依托，以教材资源为范例，以趣味活动为载体，以师生交互为方式，最大限度地将学生置于近乎真实的语言环境中，让学生在体验、感受、实践、分享、反思的过程中结合自身生活经验，逐步掌握外语使用的技巧，进而体悟深层的语言共性，发现语言的内在规律。总体而言，本节课达成了教学目标，也取得了较为理想的教学效果。

值得注意的是，电子白板在使用过程中对教师的信息技术水平和现场的设备配置有较高要求。反复的屏幕切换和功能转换容易使教师专注于电子白板的“如何使用”而非“如何用好”，一连串的重复操作行为也会占据课堂时间，使教师和学生的注意力都难以集中，教学效率低下。因此，教师必须不断提升自身专业技术水平，合理安排和调整电子白板的使用时间，能够灵活地将学生的专注力集中到课堂学习本身，实现教学效果的最大化。

参考文献：

[1] 张玲 . 在交互式电子白板环境中激发小学生英语学习动机的研究 [D]. 天津师范大学，2015：33－35.

第三节

理解与优化

——以 *Feelings* 的教学为例

一、教学设计

（一）设计理念

本课采用英语交互式教学模式，借助现代教学媒体，努力创设真实的学习情境，营造轻松和谐的学习氛围，旨在让学生通过多样化的课堂活动获取知识，提升能力。同时，教师力求将学生置于交互开放的环境之中，调动学生的学习兴趣，使学生能够在感知与体验的基础上，达成对知识的理解与优化，进而不断提升思维高度。小组合作与自由发言，更是能够促使学生开动脑筋，进行头脑风暴，使学生在审视和辩证的过程中逐步构建起新的知识体系，促进自身的全面发展。

（二）教学目标

1. 会读 angry，afraid，sad，worried 等新单词，明白新单词和句型 How do you feel 的意义及用法。

2. 通过体会不同感情基调的音乐片段，学会将本课核心句型运用到实际情境中，利用新学的单词和句型流畅地表达自己的感受。

3. 在理解的过程中不断激发英语学习的兴趣，逐步树立英语听、说、读、写全面发展的学习意识。

（三）学情分析

本课的授课对象是具有一定英语学习基础，能用英语进行简单描述和表达的小学六年级学生。一方面，他们处在小学高年级学段，思维活跃，好奇心强，能够积极参与到课堂活动中，但他们容易被外在环境干扰，难以保持课堂专注力。另一方面，小学六年级的学生虽然已学习过日常的单词和句型，但难以将其灵活运用到实际生活情境之中，缺乏英语语感。因此，在本课教学中，将尽可能利用交互式的教学工具激发学生的学习兴趣，通过创设多样化的情境吸引学生的注意力，帮助学生灵活运用相关知识，并从中体会学习的乐趣。

（四）教学内容分析

1.教材内容分析

本单元是围绕人的主观情感“Feelings”进行感知、表达以及对话交流。本节课的主要内容是学习与情感描述相关的单词，如 angry，afraid，sad，worried 等新单词，以及本课用于情感表达的核心句型 How do you feel？ I feel...，从单词认读到句型对话，整节课的内容一脉相承、层层递进。通过 Feelings 教学活动的设计，为学生提供自我理解和自我表达的平台，使学生能在课堂活动中调用多种感官，在不同情境中感知人物不同的情绪变化，最终结合自身感受进行自由表达和情感抒发，以此锻炼学生的语言表达能力和综合运用知识的能力，进而促进学生外语学习能力的全面发展。

2.教学重难点

教学重点：会读新单词，掌握核心单词和句型的含义及用法。

教学难点：将单词和句型灵活运用到具体的情境之中，自由表达内心的情感，做到学以致用。

（五）教学模式与策略设计

本节课遵循“先学后教，教学相长”的教学原则，主要采用英语交互式教学模式，进行由“热身与导入—展示与讲解—操练与巩固—交流与表达”等环节组成的综合性教学，旨在让学生在理解和优化的过程中达成教学目标，不断提升知识水平，促进全面发展。

本节课，教师运用希沃白板 5 进行辅助教学。课前，教师线上推送学习资源，提示学生借助信息媒体自主完成预习任务。课中，教师调用希沃白板 5 的音频库，为学生提供多个音乐片段，吸引学生的注意力，促进学生的情感体验。随后教师运用希沃白板 5 的蒙层、绘画等功能，为学生形象地讲解知识点，高效突破教学重难点。紧接着教师再次通过音频唤起学生的学习积极性，引导学生自由表达。课后，教师鼓励学生在线上讨论区进行交流，将线下学习拓展至线上对话，延展学习意义。

（六）教学活动设计

1.课前准备

（1）教师主导：熟悉希沃白板 5 的具体操作方法，提前准备好相关教学资源，并在线上向学生推送 flash 歌曲 *If You're Happy*，发布预习作业。

（2）学生主体：借助电子设备查收歌曲并跟唱，自主完成预习作业，提前感知学习内容，奠定学习基础。

2.课堂活动[1]

教学环节	教师活动	学生活动	组织形式
Step One：Warming up and Leading in（热身与导入）	1. 利用希沃白板 5 的播放功能，带领学生演唱歌曲 *If You're Happy*，活跃课堂气氛，营造轻松和谐的学习氛围 2. 调用希沃白板 5 的音乐库，展示不同类型的歌曲片段（happy or sad，dull or cheerful）唤醒学生的听觉感受，刺激学生的审美情感	1. 和教师共同演唱歌曲，尽快将分散的注意力集中到课堂上，做好课前准备 2. 认真聆听不同类型的音乐，调动自己的生活经验和常识，对曲子的情感基调进行初步判断	音频导入，多媒体辅助教学，问题驱动，畅所欲言

续表

教学环节	教师活动	学生活动	组织形式
Step One：Warming up and Leading in（热身与导入）	3. 相机提问学生："How do you feel when you listen to this music？"以此导入主题，为本课学习打下基础	3. 思考教师所提问题，大胆表达自己的看法，认真倾听他人的发言	
Step Two：Presentation and Explain（展示与讲解）	1. 利用希沃白板5直接出示新授单词angry，afraid，sad，worried，sick，并播放课文音频，引导学生进行指认和跟读 2. 借助希沃白板5的遮罩、复制、动图等功能对重点单词的发音、构词及使用的注意事项进行讲解，引导学生通过多种形式构建知识体系 3. 在充分讲解后鼓励学生积极提问，给予学生有针对性的解答和帮助	1. 认真聆听课文音频，边听边找到该课的核心单词进行重点标注 2. 积极调动自身已有的知识经验，通过联想、对比等方式学习新单词，在形象化的记忆过程中加强对相关单词的理解 3. 初步感知新单词的用法和意义后，借助希沃白板5的留言功能大胆说出自己的疑惑	教师启发，类比联想，师生交互，知识迁移
Step Three：Practice and Consolidation（操练与巩固）	1. 播放贴合学生生活情境的视频，并提供线索表格，要求学生从视频中寻找问题的答案，完成表格中有关不同人物不同"feeling"的填写 2. 引出本课主题句型："How do you feel？"向学生讲解发音规则、语音语调等要点 3. 再次播放不同的音频片段，引导学生发挥想象，利用新句型进行与音频情感基调相关的造句训练	1. 观看视频，仔细品味视频中人物的情绪状态，自主筛选新单词并利用希沃白板5的拖拽功能填写表格，增强人机交互 2. 记录并领会主题句型的用法和意义，逐步掌握询问感受以及恰当应答的相关技巧 3. 根据不同的音频片段，结合自身的理解，在小组内讨论交流，完成造句练习，提高自身的语言表达能力	教师统筹，情境操练，人机交互，对话交流
Step Four：Talking and Express（交流与表达）	1. 提出观点："Feelings sometimes go up and go down."相机提问学生："How about you？"引导学生各抒己见，大胆表达看法 2. 借助希沃白板5再次展示课文知识点，并开展"Feeling for this class"游戏，鼓励学生做出相应的表达感觉的动作，从游戏中了解学生对本节课内容的掌握情况，以便做出教学调整	1. 自主思考，并结合自身实际情况，在小组内谈谈自己关于情绪调节的想法 2. 积极参与到课堂活动之中，表达和分享自己的感受和收获，在游戏中梳理并巩固相关语言知识	教师总结，夯实巩固，游戏收束，分享表达

（宁夏大学　周雪）

（七）练习设计

利用电子设备拍摄日常生活中不同人物的不同情绪状态，并根据拍摄的内容，发挥自身想象力和创造力，与家长共同完成一份有关人物心情的英语手抄报，拍照上传至班级讨论区，共同评价交流。

设计这一练习的目的在于让学生在学习课堂知识的基础上，能够通过观察和思考，在动手实践中不断内化所学知识，提高学习质量。同时，在拍摄照片和设计英语手抄报的过程中，需要学生处处留心，仔细观察身边人物情感的波动起伏，这有助于培养他们的专注力和观察力，促进其多方面能力的提高。线上讨论交流的环节也能够促使学生从他人的作品中获得创作灵感，进一步丰富知识内涵。

二、教学实际过程描述

本课始终遵循“以生为本，以学定教”的授课理念，采用英语交互式教学模式进行教学。在教学过程中，借助先进的技术媒体，以希沃白板5为教学工具，以多种形式的活动为教学载体，充分激发学生的学习兴趣，激活学生的感官刺激，使学生在情感体验和交互活动中不断获取知识，灵活运用知识，进而逐步掌握有效学习外语的方法和技巧。

课前，教师熟悉希沃白板5的具体操作方法及注意事项，在制订教学计划后及时为学生推送相关学习资源，提醒学生进行线上学习，自主完成预习任务，为学习做好铺垫。

课中，教学主要包括四个环节：Warming up and Leading in（热身与导入）—Presentation and Explain（展示与讲解）—Practice and Consolidation（操练与巩固）—Talking and Express（交流与表达）。

Step One：Warming up and Leading in **（热身与导入）** 教师播放flash歌曲*If You're Happy*，创设轻松愉悦的学习情境，帮助学生尽快集中注意

力，做好学习准备。随后教师为学生播放不同旋律基调的音频，引起学生的感官刺激，鼓励学生结合自身经历，对不同音频表达的情感类型做出判断，并畅所欲言，教师相机导入课堂主题，引入学习内容。

Step Two：Presentation and Explain（**展示与讲解**）教师借助希沃白板 5 出示新授单词，播放课文音频，指导学生跟着音频仔细认读，自主标注课文核心单词。随后教师通过希沃白板 5 的多项功能，形象地为学生讲授相关的单词知识点，帮助学生在多种形式的课堂活动中搭建自身知识体系，逐步突破重点、化解难点。最后，学生开动脑筋，进行头脑风暴，大胆提出自己对新单词的理解和看法，教师则对此进行有针对性的点评和讲解，有的放矢地解放学生的思维。

Step Three：Practice and Consolidation（**操练与巩固**）教师播放希沃白板 5 资源库中的视频片段，并为学生提供线索表格，引导学生认真观看视频，利用刚才所学的新单词填写表格，初步感受不同“feelings”的表现形态。随后教师引出新句型，讲解与之相关的语法规则和发音要点，并为学生提供趣味性的活动训练，引导学生根据希沃白板 5 所呈现的不同音频旋律完成造句练习，在练习中逐步掌握句型及知识要点，全面提高英语的听、说、读、写能力，实现人机交互效果最大化。

Step Four：Talking and Express（**交流与表达**）教师提出有关“feelings”的问题，引导学生自主思考，结合自身实际情况，在小组内交流有关情绪调节的方法。随后教师调用希沃白板 5 的互动游戏资源库，在阐述清楚游戏规则后，带领学生跟随音乐的律动做出相应的表达感觉的动作，在游戏中与学生共同梳理和掌握相关语言知识，了解学生对本节课内容的掌握情况，同时鼓励学生积极分享自己的收获，以便生生之间互相学习和借鉴。

三、学生收获

课前，学生能够借助智慧终端欣赏 flash 歌曲，根据教师推送的相关学习资源进行自主预习，初步感知学习内容，并根据自身的学习情况制订学习计划，确立学习目标，做好学习准备。课中，学生能够充分发挥自身的主动性和积极性，踊跃参与课堂的各个活动，逐步掌握单词、句型的用法及意义，并能够灵活地将其运用到具体情境之中，做到学以致用。课后，学生能够按时完成作业，在练习中巩固核心单词、句型，并借助电子设备在线上与同学进行讨论交流，作业反馈情况良好。

四、教学反思

回顾整节课可以发现，本课教学具有两大亮点。

首先，整节课教学都是依托现代多媒体信息技术——希沃白板 5 进行的，无论是重要知识点的讲解，学生的课堂疑问、交流，还是课后作业的评价反馈，都离不开希沃白板 5 的拖拽、蒙层、填充、移动、储存、共享等功能，保证了课堂教学的科学性和流畅性，大大提高了教学效率。

其次，借助不同类型的音频材料，创设丰富、真切的学习情境，并设计多元化的操练活动，使学生能够在轻松愉悦的活动氛围中灵活运用所学知识，保证了课堂的趣味性和实用性，大大提升了课堂实效。总体而言，本节课基本达成了教学目标，并取得了良好的教学成效。

参考文献：

[1] 周雪 . 希沃白板 5 在小学英语听说教学中的应用研究——以鄂尔多斯市 S 小学为例 [D] . 宁夏大学，2019：29 - 31.

第四节

创新与表达

——以 *Dreams* 的教学为例

一、教学设计

（一）设计理念

本课教学采用英语交互式教学模式，教师利用多类型多功能的教学媒体，为学生提供自主学习的平台，让学生借助丰富的学习资源自由获取知识，并在合作学习中不断培养团队协作意识，增强班级凝聚力。同时，教师力求为学生营造真实的英语学习环境，在教学过程中有意穿插各种活动，帮助学生在体验参与的过程中学习知识。本课教学主题为“Dreams”，与学生的实际生活联系紧密，教师要注重从学生的日常生活中设计教学活动及教学任务，引导学生结合自身生活经验，调动所学知识，真正做到知识的“活用”与“巧用”，使学生不断丰富自身认知。

（二）教学目标

1. 会读课文中的新单词和新句型，充分理解课文内容，学会运用相关词汇和动词短语表达自己的梦境。

2. 通过自主学习和合作学习，能够自主创编梦境故事，逐步提高英语语感，掌握英语学习的方法和技巧。

3. 在探索和创作的过程中感受梦境的神奇，提高英语学习的兴趣。

（三）学情分析

本节课的授课对象是能初步读写部分常用单词，主要靠机械记忆进行英语学习的小学五年级学生。一方面，小学高年级学生好奇心强，记忆力好，课堂适应能力强，往往能够很快地投入新知识的学习中，并能依靠传统的记忆方法进行快速的短时记忆。另一方面，小学高年级学生也表现出课堂专注力不足，稳定性较差，容易受外界环境影响等问题。同时他们的学习经验不足，英语语感差，缺乏记忆方法和技巧，常常陷入机械记忆的怪圈，难以灵活运用所学知识，英语学习效率低下。因此，在本课教学中，将借助不同的应用软件，为学生创设新奇有趣的课堂环境，搭建知识的桥梁，有意识地给学生传授英语学习的方法和技巧，引导他们在自主学习和探索的过程中构建自身知识体系，不断增强英语语感，逐步提高语言运用能力和知识运用能力。

（四）教学内容分析

1.教材内容分析

本单元以“Dreams”（梦境）为主题，旨在让学生通过学习掌握与梦境表达相关的词汇和句型，与学生的生活联系十分紧密。*Toby's Dream* 是小学五年级上册 Unit 6 *Dreams* 中的部分内容，本课为“Action Story”（动作故事），因此本课的教学应该关注学生的操作活动，注重培养学生的语言表达能力，充分调动学生的生活经验，帮助学生构建“What did Toby dream about？”的语言模式，并将其迁移到实际生活中去，能正确流畅地描述自己的梦境。

2.教学重难点

教学重点：会读课文中的词汇和句型，充分理解课文内容。

教学难点：结合已有经验，利用所学知识自主流畅地描述自己的梦境。

（五）教学模式与策略设计

本课采用英语交互式教学模式，教学中借助多样化的教学媒体，如 iBook、Apple TV、Padlet、iMovie 等，为学生提供多元化的学习资源。整个教学过程由“Warm-up and Lead-in（热身与导入）—Self-study and Explanation（自学与讲解）—Practice and Feedback（操练与反馈）—Consolidation and Presentation（巩固与展示）”四个环节构成，环环相扣，层层递进。

课前，教师为学生推送学习资源，引导学生自主预习，提前熟悉将要用到的学习设备，保障课堂教学的流畅性。课中，教师以学生为中心，重点培养学生的自学能力，使学生在自主探索的过程中了解课文内容，掌握知识技能，感受语言魅力。同时，设计趣味十足的练习活动，帮助学生在多向交互中获得学习乐趣，丰富知识储备，提高知识运用能力。课后，教师布置线下任务，引导学生进行自主创作，有意识地培养学生的创新精神和实践能力。

（六）教学活动设计

1.课前准备

（1）教师主导：初步熟悉课堂将要用到的智慧终端设备，为学生设计并推送一张通俗易懂的“课堂说明书”，明确本节课的教学方式及教学内容，介绍电子设备的类型及用法。

（2）学生主体：仔细阅读教师提供的“课堂说明书”，在家长的指导下提前熟悉相关操作及注意事项，并自行预习新课内容，为本课学习做好准备。

2.课堂活动[1]

教学环节	教师活动	学生活动	组织形式
Step One：Warm-up and Lead-in（热身与导入）	1. 宣布本节课的教学内容及教学方式，为学生仔细讲解“课堂说明书”的注意事项 2. 提问学生：“你们做过梦吗？”进一步提问：“Can you describe your dream？”（你能描述自己的梦吗？）以此鼓励学生畅所欲言，尽快进入学习情境 3. 对学生的回答进行简要点评，利用 Apple TV 展示关键问题：“What is Toby dreaming about？”（托比梦到了什么？）直接导入本课课题	1. 明确本节课的学习方式，根据自身情况自主制订可行的学习计划，分好学习小组 2. 积极回答教师所提问题，自然而然地进入学习主题 3. 了解本课的学习重点，带着问题去寻找答案	教师导入，制订计划，畅所欲言，问题驱动
Step Two：Self-study and Explanation（自学与讲解）	1. 为学生提供问题解决的线索，并布置自学任务，引导学生自主、高效地学习 2. 针对学生自学过程中的实际情况，如自学习惯、思考方向等做出方向指引 3. 对用于梦境表述的重点词汇和句子进行详细讲解，关注语法句式和使用规则	1. 借助 iBook 的电子教材有针对性地学习课本内容，完成教师布置的自学任务 2. 根据教师的指导调整自学方向，认真聆听教师对语言知识点的讲解，做好课堂笔记，并结合自身理解提出学习困惑	教师组织，自学为主，讲解为辅，方法指导
Step Three：Practice and Feedback（操练与反馈）	1. 调用 iBook 中的课文图片，同时播放课文音频，引导学生根据所听内容对图片进行排序 2. 利用 Apple TV 出示课文图片，指导学生结合所学单词和句子，形象地将图片描述出来 3. 在完成图片的排序和描述后，提出“What did Toby dream about？”“Why did Toby wake up？”等一系列与课文内容相关的问题，帮助学生加深对课文内容的理解和掌握	1. 仔细寻找音频中的关键语言点，将图片串连成一个完整的故事，以此检查自学效果，及时查漏补缺 2. 根据教师所给的图片进行口头表述，注意灵活运用所学单词和句子 3. 根据教师的问题，进一步从文中筛选有效信息，确定最终答案	教师统筹，多维互动，讨论切磋，检测反馈
Step Four：Consolidation and Presentation（巩固与展示）	1. 出示课文中的图片以及对应的单词和句子，引导学生进行对照朗读训练，进一步巩固所学知识 2. 调用 Apple TV 的资源库，为学生提供多种类型的图片，指导学生进行梦境创编 3. 针对学生的学习情况给予指导和帮助，对任务完成度高的小组给予肯定和奖励	1. 在教师的指引下进行朗读训练 2. 小组内部选定主题，并挑选合适的图片进行梦境创编，小组合作给相关插图配音 3. 在教师的指导下进一步完善小组作品，积极主动地在班内进行展示	教师指导，头脑风暴，想象创造，小组合作

（华中师范大学　靳玉晗）

（七）练习设计

学生发挥想象力和创造力，借助应用软件 Padlet 独立绘制自己做过的梦，尽可能将“梦”的来龙去脉通过图画展示出来，要求做到主题鲜明、色彩丰富。完成后，将作品上传至线上班级展示区，教师统整后，借助 iMovie 剪辑成视频，供学生们借鉴学习。

这样设计的目的在于利用课后的拓展学习活动，进一步强化学生的主体地位，给予学生充分的思考空间，弥补课堂上无法让每一位学生表述自己梦境的缺憾，增加课堂的完整性和连贯性。同时，要求学生进行自主创作，有助于激活学生的思维，培养学生的创新意识，使学生学会借助多种形式表达和呈现知识，在探索和实践中进一步感受梦境的美好，最终完成知识的内化与升华。

二、教学实际过程描述

本课根据“先学后教，点拨诱导”的授课原则，采用英语交互式教学模式进行教学。整个教学过程始终以学生为中心，让学生带着教师提出的问题自主思考、自主探索。同时借助丰富的多媒体资源，如 iBook、Apple TV、Padlet、iMovie 等，为学生提供多方面、多层次的学习资源，使学生能够在形象化的场景中根据教师提出的问题进行头脑风暴，并通过多样化的课堂活动和练习，逐步掌握英语学习的方法，探索英语学习的奥秘。

课前，教师提前了解相关电子设备的用法及注意事项，为学生推送“课堂说明书”，并让家长帮助孩子提前熟悉相关设备的用法，保证课堂活动的顺利开展。学生根据教师发布的学习任务进行自主预习，为本课学习奠定基础。

课中，教学主要包括四个环节：Warm-up and Lead-in（热身与导入）—Self-study and Explanation（自学与讲解）—Practice and Feedback（操练与

反馈）—Consolidation and Presentation（巩固与展示）。

Step One：Warm-up and Lead-in（**热身与导入**）教师向学生说明本节课的教学方式和教学任务，为学生讲解使用相关电子设备的注意事项。在学生明确学习任务后，教师相机对学生进行有关“梦境”话题的提问，鼓励学生结合自身实际畅所欲言，引导学生进入学习情境。随后教师出示本课的关键问题，直接导入学习主题，引导学生带着问题深入阅读文本。

Step Two：Self-study and Explanation（**自学与讲解**）教师提供问题解决的线索，引导学生借助 iBook 自学课文内容，自主完成学习任务，培养学生的自主学习意识。随后教师根据学生的学习情况，相机进行英语学习技巧的指导，并使用多媒体对重点词汇和句子进行形象化的讲解，有针对性地为学生答疑解惑，帮助学生充分了解本课的语言知识点。

Step Three：Practice and Feedback（**操练与反馈**）教师为学生提供课文图片和音频，引导学生根据音频信息进行图片排序，加深学生对课文内容的理解。随后教师随机抽取课文图片，引导学生结合所学词汇和句型进行口头表述，尽可能形象地“还原”图片内容，以此锻炼学生的听说能力。紧接着教师向学生提出与“Dreams”有关的问题，进一步引导学生筛选文中有效信息，重新审视自身对整篇文章的理解和把握。

Step Four：Consolidation and Presentation（**巩固与展示**）教师借助 Apple TV 展示课文图片及对应的单词和句子，引导学生结合自身理解进行朗读训练，进一步夯实所学知识。随后教师调用多媒体的图片库，指导学生以小组为单位自主挑选图片并确定主题，展开梦境创编，同时完成相关插图的配音。教师针对学生的具体表现进行评价和指导，鼓励学生积极展示小组作品，相互学习借鉴。

三、学生收获

课前，学生能够根据教师推送的“课堂说明书”，掌握相关电子设备的使用方法和技巧，同时借助电子教材进行相关内容的初步阅读感知，完成预习任务，为接下来的学习打下基础。课中，学生能够根据教师提供的线索展开思考，发挥主观能动性，积极进行学习探索，并认真倾听教师有关语言知识点的讲解，达成外在知识与内在理解的融会贯通、和谐统一。同时，学生能够踊跃地参与到课堂活动之中，积极开动脑筋，不断在头脑风暴和练习实践中促成知识的内化与吸收。课后，学生能够独立自主地完成作业，并在探索的过程中不断发展动手实践能力，促进自身的全面发展。

四、教学反思

本节课主要为听说训练课，以往的听说训练课大多由教师进行范读，学生进行跟读，学生在反复的模仿和训练中记忆相关单词和句型的含义及用法，这种死记硬背的学习模式，始终没有办法使学生完成内在知识的吸收转化。本节课的学习围绕“Dreams”展开，与学生的生活息息相关。因此，在教学过程中，我有意地借助 iPad 的电子资源以及各种应用软件，为学生创设尽可能真实的学习情境，营造轻松和谐的学习氛围，引导学生快速进入课堂情境之中，提高学习热情，使学生在多种形式的活动中充分调动生活经验，进行自主学习，提高学习效率。总体而言，本节课基本达成了教学目标，课堂实效性较高。

参考文献：

[1] 靳玉晗 . 基于移动终端的小学英语电子教材的设计与应用研究——以小学英语课 *Toby's Dream* 为例 [D] . 华中师范大学，2016：21 - 23.

第五节

拓展与提升

——以 *Bizzy Bear, Let's Go and Play*! 的教学为例

一、教学设计

（一）设计理念

本课采用英语交互式教学模式，借助多样化的教学形式和灵活的教学方法帮助学生学习新知识，引导学生结合自身实际，主动构建知识体系。外语教学需要帮助学生突破母语习惯，尤其需要培养学生自身的学习兴趣，再逐步引导其探索个中奥秘，因此，本课的设计遵循以上教育理念，要求教师引导学生进行观察、感知和体验，力求帮助学生在具体情境中感受英语，在听、说、读、写的训练中接触英语，并在趣味性和实用性相结合的课堂中爱上英语，充分认识到英语的价值。

（二）教学目标

1. 会读绘本故事中的单词和简单句式，理解故事的来龙去脉，能够灵活运用所学单词和相关句式进行复述。

2. 通过多种形式的口语交流活动，学会提炼故事的关键信息，并能自主表述故事，逐步提高英语听、说、读、写的能力。

3. 在对话和交流中培养英语语感，体会绘本故事的奥妙，培养学习的兴趣。

（三）学情分析

本节课的授课对象是小学二年级的学生，他们大都接触过英语，能够识记部分单词，理解简单的句型。一方面，二年级的学生好奇心较重，对鲜少接触的事物有着强烈的求知欲和探索欲，积极性较高，因此在课上往往有着较强的参与性。另一方面，他们认知水平较低，自制力相对薄弱，难以在课堂上时刻集中注意力，而且低年级的学生接触英语的时间较短，语言组织能力及口头表达能力有待提高，因此需要教师采用直观的方式呈现教学内容，以此吸引学生的注意力，同时引导学生主动亲近英语。

（四）教学内容分析

1.教材内容分析

Bizzy Bear, Let's Go and Play! 是小学二年级英语阅读绘本中的课题之一，该绘本讲述了小熊和兔子一起玩乐的趣味故事。该绘本图文并茂，色彩丰富，结构突出，故事情节直观易懂，单词、句子朗朗上口，韵律十足，学生稍加朗读和吟唱，便可初步了解故事背景，掌握情节大意。另外，该绘本中的单词和句子与生活紧密相关，能够调动学生的生活常识和学习经验，并能够运用到日常对话中，从而逐步提高学生的听、说、读、写能力，培养学生浓厚的英语学习兴趣。

2.教学重难点

教学重点：通过多种形式的口语交流活动，在师生、生生互动中学会提炼故事的关键信息，提高英语听、说、读、写能力。

教学难点：能够自主表述故事，在对话和交流中培养英语语感，体会绘本故事的奥妙，增强英语绘本学习的兴趣。

（五）教学模式与策略设计

本课秉承“学生为本，教学相长”的教育理念，以学生为中心，彰显教育的人文性。采用英语交互式教学模式，灵活调动大数据资源库中的资源，借助视频、音频、图片等，在课堂中创设生动的情境，引导学生通过跟读、扮演、对话、书写等方式，逐步构建自身的知识体系，领会知识，体验学习，从而获得全新的感悟。采用启发式教学，教师“抛砖引玉”给出问题和线索，学生自主探索，结合自身的学习经验，调用生活常识，完成知识的自主构建，锻炼逻辑思维能力和自主学习能力。课后通过线上平台及时反馈和检测学生的学习情况，加强家校合作，提高教学效率。

（六）教学活动设计

1.课前准备

（1）教师主导：提前熟悉交互电子白板的使用方法，收集与绘本主题相关的视频、音频资料，利用课前谈话激发学生兴趣，引出绘本故事。

（2）学生主体：准备好相关学习资料，提前了解绘本的相关知识，自由交流收集到的绘本信息（如题目、作者、插图、内涵），初步打下学习基础。

2.课堂活动[1]

教学环节	教师活动	学生活动	组织形式
Step One：Warming up and Leading in（热身与导入）	1. 利用电子白板的拉幕功能，引导学生猜测主要学习内容，并逐步操作幕布，激起学生的求知欲，活跃课堂气氛 2. 利用电子白板的图片展示功能，出示绘本中兔子和小熊的图片，相机提问：“Let's look at this picture. What's this？”以问题导学，逐步引出课题 *Bizzy Bear, Let's Go and Play!* 帮助学生明晰学习目标，调动学生的学习经验，自然而然地进入课题学习	1. 通过教师的引导，结合照片，唤醒好奇心，积极进行猜想，将精力集中到课堂上 2. 认真观看图片，调动经验、常识，积极思考教师所提问题，了解学习目标，逐步深入课堂	悬念导学，多媒体辅助教学，问题驱动

续表

教学环节	教师活动	学生活动	组织形式
Step Two：Explain and Discussion（讲解与讨论）	1. 利用电子白板播放绘本的音频，引导学生在有声的虚拟情境中初步了解有关 Bizzy bear 的情况，活跃课堂气氛 2. 利用电子白板的视频播放功能，直观呈现与绘本有关的动画，吸引学生的有意注意 3. 借助电子白板的聚光灯和放大镜功能，刺激学生的视觉感官，将学生的目光集中到重点词汇“lovely, kick, around”上，并结合“What a lovely day.”等句子进行有针对性的讲解，突出教学重点	1. 集中精力聆听绘本音频，边听边跟读核心单词，初步感知音频大意 2. 结合视频内容，联系生活实际，借助生动化、形象化的视频唤醒语言记忆，加强对相关单词的理解 3. 在一问一答的情景对话中初步感知新单词的用法和意义，并有意识地进行识记和朗读	音频导学，教师讲解，对话交流，知识迁移
Step Three：Practice and Consolidation（操练与巩固）	1. 在初步讲解词汇的基础上，帮助学生提炼关键信息，梳理关于 Bizzy bear 的信息脉络 2. 搭建班级舞台，创建学习小组，引导学生小组合作根据故事情境借助电子白板的投影、翻页、图文展示等功能，进行角色扮演 3. 引导学生在跟读、扮演的过程中聚焦重点词汇，反复练习新单词，借助多媒体的拉幕功能，带领学生巩固所学知识	1. 仔细观察视频中故事的情节走向，尝试归纳故事大意，初步构建事件框架 2. 充分理解视频中小熊和兔子的对话，结合具体情境和生活实际进行联想，在互动的过程中全面把握故事内容 3. 扮演角色，边读边指认，在反复练习的过程中加强对新单词和句子的识记	教师统筹，角色扮演，生生互动
Step Four：Feedback and Express（反馈与表达）	1. 利用电子白板的投影功能，展示与故事有关的信息，提问学生：“Who can fill the missing words in the blanks？”引导学生积极开动脑筋，并请学生到黑板上书写 2. 根据学生的作答情况进行分析讲解，有针对性地加强相关语言点的讲评，并及时给予学生反馈和指导	1. 仔细回想整节课的知识点，结合所学知识构建知识体系 2. 针对教师的反馈和指导，对易错知识点进行回顾与练习，不断夯实知识基础	畅所欲言，总结巩固，复述表达

（上海师范大学　吴婷婷）

（七）练习设计

课前：教师通过电子白板推送相关作业、任务和视频资源，学生借助电子设备预习，并完成练习。

课中：教师出示与绘本相关的导读提示，引导学生根据导读线索，自主梳理故事脉络，并在初步了解故事大意后，根据教师提前设计好的“missing blanks”找出相关语言错误。

课后：教师线上发布作业，学生自主完成思维导图，并复述故事，由家长拍照、录音分享到班级群。

二、教学实际过程描述

本节课借助电子白板，采用英语交互式教学模式进行教学。在教学过程中教师充分利用电子白板的投影、聚光灯、遮罩、放大镜、书写、图文展示等功能，灵活使用情境教学法，调动学生的学习积极性，真正做到寓教于乐，教学相长。在整个教学过程中，直观的教学情境、便利的教学媒介、开放的教学环境等，使学生能够在“有限”的时空中实现学习的“无限”，进而在互动和探索中不断获得新的情感体验，逐步掌握英语学习的相关方法和技巧。

课前，教师充分熟悉电子白板的使用方法，并借助数据库收集与本课相关的音像资料，提前推送给学生，提醒学生自主了解与绘本相关的知识，做好学习准备。

课中，教学的实际流程主要分为四个环节：Warming up and Leading in（热身与导入）—Explain and Discussion（讲解与讨论）—Practice and Consolidation（操练与巩固）—Feedback and Express（反馈与表达）。

Step One：Warming up and Leading in（**热身与导入**）教师借助电子白板的拉幕功能，向学生展示本节课的相关图片，以直观的视觉感官刺激、唤醒学生的求知欲和好奇心。随后教师出示绘本中兔子和熊的图片，相机提问学生：“Let’s look at this picture. What’s this？”利用问题调动学生的学习经验，帮助学生结合生活常识，积极思考教师所提问题，明晰学习目标，进入本节课的学习中。

Step Two：Explain and Discussion（**讲解与讨论**）教师播放绘本音频，活跃课堂气氛，引导学生边听边跟读，在聆听和朗读的过程中关注核心单词，初步感知故事大意。随后教师播放与绘本相关的动画视频，调动学生的有意注意，借助形象化的影像唤醒学生的语言记忆。最后，通过电子白板的放大镜功能，随机放大关键词汇，引导学生迅速做出反应，在师生互动中进行高效率的识记。

Step Three：Practice and Consolidation（**操练与巩固**）教师在初步讲解相关词汇的基础上，为学生提供“脚手架”，引导学生提炼关键信息，并结合视频和音频资料，尝试梳理故事的脉络，初步构建事件的框架。随后教师组织学生进行组内互动，借助电子白板的投影功能，播放无声动画，引导学生在充分理解故事内容的基础上发挥想象，进行模仿与扮演。另外，在这个过程中，教师要相机提醒和引导学生聚焦重点词汇，并在扮演和操练中反复识记和理解。

Step Four：Feedback and Express（**反馈与表达**）教师借助电子白板的投屏功能，为学生提供框架信息，并以问题为导向，引导学生开动脑筋，回顾所学知识，鼓励学生利用电子白板的书写功能进行问题解答，实现既动手又动脑的高效操作，以此提升学生的能力。随后教师根据学生的作答情况，进行有针对性的讲解与点评，并引导学生进行相关知识点的归纳总结，师生共同梳理和巩固相关知识内容。

三、学生收获

课前，学生能够根据教师发布的作业，提前了解绘本的相关内容，合理猜测绘本中故事的走向，奠定学习基础。课中，学生在教师组织的小组讨论等环节中开动脑筋、积极参与；在视频观看、音频聆听的过程中主动提取关键信息，唤醒语言记忆；在角色扮演等活动中加强关键词汇及句型的练习，掌握基本句型的意义和用法。课后，通过完成线上作业回顾所学知识，进一步巩固相关语言点，反馈情况较佳。

四、教学反思

本课教学充分体现了师生、生生以及师生与电子白板之间的互动，且课堂气氛融洽，学生能够积极投入各项活动中，在练习中巩固新的语言点。本课有三大亮点：①灵活运用多媒体辅助教学，巧妙调取资源库中的资源；②为学生搭建展示的舞台，真正将课堂还给了学生，培养了学生的学习自主性和独立性；③课堂活动形式多样，最大限度地调动了学生的积极性，多方面训练了学生的听、说、读、写能力，学生学习效率较高。值得注意的是，在多媒体运用的过程中，存在网络卡顿、画质较低等问题，使得部分环节衔接不畅，需要注意学校硬件设备的配置以及教师信息技术能力的提升。总而言之，本课教学基本实现了教学目标，教学效果不错。

参考文献：

[1] 吴婷婷. 交互式电子白板在小学英语教学中的应用研究 [D]. 上海师范大学，2018：36 - 39.

第五章 道德与法治交互式教学模式及经典案例

基于本书第一章阐述的交互式教学的特点，结合道德与法治课生活性、活动性、综合性的特点，我们在教学实践中不断摸索道德与法治交互式教学模式，并提供了三个基于这种教学模式的教学案例，以期为同行开展交互式教学实践提供一定的参考。

第一节

道德与法治交互式教学模式

一、道德与法治交互式教学模式概述

（一）设计理念

道德与法治交互式教学模式旨在通过营造平等和谐的课堂氛围，为学生创造更多交流和表达的机会，让学生在师生互动和生生互动的过程中提升对新授内容的认识，增进对新授内容的理解。道德与法治交互式教学模式旨在使学生在电子书包或线下的课堂交流互动中认识日常生活中的事例，并从中发现与反思自我的不足，学会欣赏他人的优点，从生活小事开始，学习和了解道德与法治，完善对道德与法治的认识。道德与法治交互式教学模式通过多个教学点切入，强调师生间和生生间的共鸣，即师生在教学过程中能针对某一问题进行平等交流和自主互动，通过互动，学生能更好地领悟知识点，深化对知识的理解，发展辨析和探究能力。适度有效的拓展延伸，能提高道德与法治课的学习价值，让学生感受到道德与法治课与自己的学习和生活息息相关，提高学生学习的积极性和兴趣，使学生形成热爱生活的态度。在道德与法治交互式教学中，学生的知识学习主要通过互动完成。教师要敢于和善于创造机会，让学生在提出问题、分析问题和回答问题的过程中互动，逐渐形成对问题的独到见解，成为善思明辨之人，以期对其未来的学习和生活产生有利影响。

（二）基本特征

1.生活性

小学生对学习和生活充满好奇，具有活泼好动的特点，这一时期，教师对学生的性格及学习态度的形成有着重要影响。道德与法治课重视以社会发展和学生生活为基础建构课程，在课程开展的过程中，教师要尽量以学生生活中的需要和问题为出发点进行教学，充分利用网络资源，选取现实生活中的事例，拉近学生与教学内容之间的距离，让学生在教师的指导下体验真实生活、主动参与生活和创造生活。

2.对话性

弗莱雷提出了对话式教学的思想，陶行知则说过："你要教你的学生教你怎样去教他。如果你不肯向你的学生虚心请教，你便不知道他的环境，不知道他的能力，不知道他的需要；那么，你就有天大的本事也不能教导他。"道德与法治课的学习，无论是教材的呈现还是课程的实施，都主要利用了对话的方式。对话是师生传达信息和理解彼此的重要方式，是提高学生课堂参与度，尊重学生学习主体性的重要体现。该课程是对知与未知的探索，要重视学生的感知和体验，让学生在分析和解决问题的过程中，拥有表达个人感悟的机会，形成正确的价值观。学生思维的发展和课堂参与热情的保持，是以自由平等的课堂环境为前提的。因此，在教学过程中，教师要给予学生自由发言的机会，充分理解和尊重学生，切勿为了赶进度而浇灭学生的热情。

3.开放性

从《义务教育道德与法治课程标准（2022年版）》中可看出，道德与法治课的开放性主要体现在课程目标、课程内容、教学空间、课程评价等方面。课程目标随着学生生活及活动过程的变化和需要不断调整；课程内容遍布学生生活的各个方面；教学空间则从课内延伸到了课外；课程评价走向开放和多元，更加关注学生各方面的发展和进步。课程的开放性决定了学生学习方式的多样性，有利于激活学生的思维，促进学生思维发展的开放性。[1]

4.引导性

该课程是学生与自我、学生与自然、学生与社会等内容的有机结合，与学生的政治认同、道德修养、法治观念、健全人格、责任意识这五大道德与法治核心素养的培养紧密相关。在教学过程中，坚持教师价值引导和学生主体建构相统一，在教师的启发引导下，学生通过丰富多彩的实践探究和体验活动，形成正确的价值观，增强规则意识，发展社会情感，提升关键能力。最终，学生将在认识自我、自然、社会等过程中，学会做人，学会做事。

二、道德与法治交互式教学模式的基本流程

道德与法治交互式教学模式是一种以对话形式为主、信息技术为辅的现代化教学模式。课例教学基于信息技术探索道德与法治与交互式教学特点的有效融合。课前，教师根据学情和教学目标，通过电子书包给学生发送预习任务单和学习材料，并通过平台及时了解学生的任务完成情况；课中，组织学生进行新内容的学习，并在完成教学目标的情况下，对学生作业中的错题、难题进行重点讲解；课后，通过微信、QQ等平台对学生的学习情况进行反馈，并通过电子书包推送相关作业，帮助学生巩固和内化

所学知识。具体流程如下：

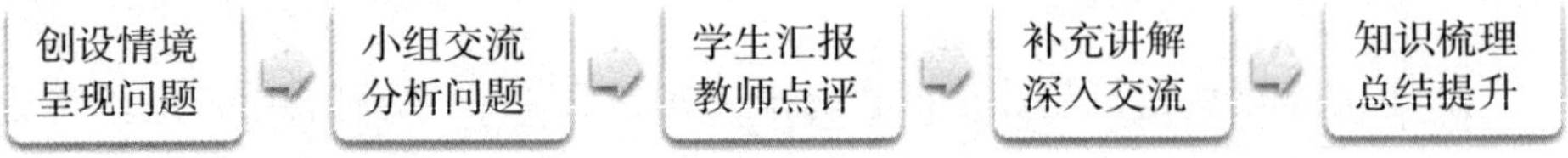

图 1　道德与法治交互式教学模式的基本流程

（一）课前流程

课前，教师对学情进行深入了解，根据教学目标，利用电子书包、微信群、QQ 群等信息平台向学生推送相关学习任务，如寓言、名言、生活故事等，学生自主完成相关的阅读和练习并将作业发送到指定的平台上。教师课前通过平台了解学生的作业完成情况，准确判断学生学习的疑难点。

（二）课中流程

1.创设情境，呈现问题

陶行知说过，“发明千千万，起点是一问”。可见“问”对个人启发引导的重要性。叶圣陶认为：“教师之为教，不在全盘授予，而在相机诱导。”小学生不具备良好的形象思维，知识储备有限，因此需要教师创设更加直观具体的情境，让学生从中发现和提出问题，或以问题为导向，让学生在思考和解决问题的过程中温故知新，以达到更好的教学效果。

2.小组交流，分析问题

《义务教育道德与法治课程标准（2022 年版）》指出：“要采取热点分析、角色扮演、情境体验、模拟活动等方式，引导学生开展自主探究与合作探究，让学生认识社会。”[1]学生四人为一小组，小组成员围绕问题进行交流探究，阐述各自的观点，将讨论过程中的疑惑或有争议的地方记录下来。这样的交流方式不仅能发挥学优生的带动作用，增强后进生的自信心，也能提高学生的团队合作精神和课堂参与度，同时还能避免“填鸭式”

教学给学生带来的反感情绪，让学生成为课堂真正的主人。

3.学生汇报，教师点评

小组代表整理汇报交流结果。“见贤思齐焉，见不贤而内自省也。”汇报交流有助于学生各方面能力的提高。每个组都能通过其他组的汇报，看到自己组的优点与不足，从而进行有针对性的改进和提高。同时，成果的分享能为学生带来成就感和喜悦，教师精准、有效的点评则能让学生对所学内容形成更加正确的认识和更深刻的理解。教师的鼓励性评价能在无形中为学生加油打气，增强学生学习的自信心。

4.补充讲解，深入交流

经过小组交流和汇报，学生对学习内容有了初步认识，对于学生学习过程中的疑点和难点，以及本课教学的重难点，教师需要进行更加详细的讲解，以保证教学目标的完成。教师需要根据新授内容和学生基础，选择合适的教学方法进行补充讲解。对于实践性较强的内容，要为学生搭建“脚手架”，相机引导；对于理论性较强的内容，则要精心挑选生活实例并提出一些问题，尽量让学生在互动中逐渐生成相关概念，形成对事物的理解和认识。

5.知识梳理，总结提升

托尔斯泰说过：“知识，只有当它靠积极的思维得来而不是凭记忆得来的时候，才是真正的知识。”因此，在一节课的最后，教师要积极引导学生进行知识梳理，使学生通过构建和完善自己的知识体系来内化所学知识，而非通过死记硬背来记住知识。道德与法治课具有价值引导性，其教学内容是对小学生学习和生活方面的指导，重在理解而非记忆，要通过课堂互动和教师讲解，促使学生形成正确的价值观和是非观。

（三）课后流程

夸美纽斯认为：“练习和复习学生所掌握的教材，对于巩固地掌握知识有莫大意义。”课后通过一些活动或练习来帮助学生巩固和应用知识，提升学生对所学内容的理解。教师应对学生的任务完成情况进行及时的反馈，并适当地进行个别指导和交流。

三、道德与法治交互式教学模式的注意事项

（一）管教有法

道德与法治课所呈现的生活性和对话性特点，以及借助信息技术进行教学的方式，降低了学生学习的难度，让学生在课堂的互动中有话可说。在交互式教学模式中，教师鼓励和支持学生进行自主交流，但并不意味着教师在学生交流的过程中可以放任不管。相反，这是对教师课堂管理能力的一种挑战，教师既要注重学生知识、能力和兴趣的协调，让学生学有所获，又要在学生出现困惑时进行点拨指导，同时维持好课堂秩序。这种教学模式旨在让教师少教而学生多学，要求教师具备良好的素养，懂得一些管教的方法，以保证课堂的顺利进行。

（二）交流有限

交互式教学模式注重师生的平等交流，也重视学生间的互动。但是课堂的时间是有限的，无法让所有学生都畅所欲言，这就要求教师在发布任务时指令清晰，明确交流内容，规定交流时间。对于部分与课堂内容相关度较低且对学生现实指导意义不大的问题，教师可对学生的学习态度表示肯定，并说明可在课下交流，进而将课堂有限的时间放在重点内容的学习和交流上。

（三）互动有度

道德与法治课对小学生的学习和生活有很大的价值引导性，因此，在教学过程中，教师可结合教学内容和学生兴趣或疑惑，设计一些游戏或活

动，进行形式多样的互动，避免机械地采用你问我答的互动方式。同时，教师要注重与学生进行情感和知识两方面的互动，让学生在自由平等的环境中逐渐形成积极乐观的生活态度，在你追我赶的竞争氛围中激发学生学习的斗志，使学生拥有谦逊的学习态度。当然，互动不等于乱动，互动是以一定任务为导向进行的交流，需要一定的时间和任务来约束，以帮助教师组织协调整体的教学进程。

（四）拓展有理

知识的拓展是对教材内容的有效补充，是开阔学生视野，扩大学生知识面的有效途径。随着信息技术的推广和普及，大部分学生已通过其他途径学习了一些与教材内容有关的知识，教材中的内容已不能满足学生的学习和生活需要。在与学生学习和生活密切相关的道德与法治课上，需要添加更多的实用性因素，向学生拓展更多的实用性知识。由于生活经验有限，知识面窄，小学生不能很好地判断是非对错，对网上良莠不齐的信息无法正确分辨。因此，教师需要通过道德与法治课堂，对学生的价值观进行引导，教会学生明辨是非，让学生明白以下几点：在家中，要做一个勤劳懂事的孩子，体谅父母的不易；在学校，要做一个活泼好学的学生，理解老师的良苦用心；在社会中，要做一个知法守法的公民，注意个人的安全。同时，教师要向学生普及环保知识和卫生知识，帮助学生养成勤俭节约的生活习惯，做一个懂文明、守礼仪的小学生。教师需要注意的是，拓展的内容必须与相应的教材内容密切相关。

参考文献：

[1] 中华人民共和国教育部．义务教育道德与法治课程标准（2022年版）[S]．北京：北京师范大学出版社，2022.

第二节

认识与体验

——以《课间十分钟》第一课时教学为例

一、教学设计

（一）设计理念

本课以交流互动为主，融合了道德与法治课的生活化特点和交互式教学的开放性特征。本课根据教学内容和教材呈现，结合学生的校园生活经验，设计了一份课间活动调查表，让学生提前感知相关内容，激发学生学习的兴趣。在课堂上，学生进行小组交流和汇报，教师适时对学生的讨论进行引导，让学生在交流中自主感知、对比课间各类游戏，突破本课教学的重点和难点。同时，在教学过程中渗透安全、文明教育，提高学生的安全意识。

（二）教学目标

1. 学会选择适合课间十分钟开展的游戏内容，丰富课间生活。
2. 尝试课间十分钟游戏的各种玩法，体验快乐的校园生活。
3. 能自觉遵守游戏规则，形成安全、文明游戏的意识。

（三）学情分析

一年级学生专注力较差、注意力分散，一节课的学习势必会让学生产生疲劳感，参与课间活动有助于学生放松身心，为其精神饱满地上下一节课做准备。同时，一年级学生缺乏与同伴交流、群体游戏的经验和机会，因此需要教师教给他们适合课间十分钟进行的游戏。

小学生活泼好动，喜欢游戏互动，但是安全意识不强，缺乏独立游戏的经验，所以需要教师进行更多的游戏引导。教师在教学中要关注游戏的安全、文明教育，以便让学生在游戏中锻炼合作能力，增进友谊。

（四）教学内容分析

1.教材内容分析

《课间十分钟》是统编版《道德与法治》一年级上册第二单元中的第三课，分两课时进行教学，本课为“我喜欢的课间游戏”板块内容，这部分内容展现了动与静、室内和室外两类课间游戏形式。教学时要结合学生的实际情况，对课间十分钟的游戏活动进行讲解，并引导学生选择适合的游戏，包括具体的游戏内容、游戏规则等。同时，让学生在真实的游戏体验中自觉遵守规则，形成安全、文明游戏的意识。

2.教学重难点

教学重点：尝试课间十分钟游戏的玩法，学会在游戏中寻找小窍门。

教学难点：自觉遵守游戏规则，形成安全、文明游戏的意识。

（五）教学模式与策略设计

本课教学采用交互式教学模式，课前教师根据教学内容设计一份课间十分钟活动调查问卷，并通过电子书包推送给学生。学生通过电子书包查看并填写课间十分钟活动调查问卷，回忆自己课间十分钟所做的活动，初步感知本课教学内容。

在教学中借助多媒体课件，采用多种教学活动形式，通过听歌识曲、看图辨人、小组交流汇报、观看视频等方式让学生有充分的机会感知和体验，注重师生交流和生生交流，更好地调动学生的积极性，有效地提高学生的参与度。另外，通过不同类型游戏的对比，引导学生归纳总结，明白要遵守游戏规则，玩安全、文明的游戏的道理。课下，教师根据本课所学内容，通过电子书包推送作业——小习作，并在家长微信群进行提示，让学生及时巩固新知。教师通过作业完成情况能更加深入地了解学生的知识掌握情况，从而更好地调整和改进教学。

（六）教学活动设计

课前

教学环节	教师活动	学生活动	设计意图
课前感知体验	课前根据教学内容设计一份有关学生课间活动的调查问卷，推送任务，制作课件	查看并填写调查问卷，提前预习课本内容	让学生对教学内容有初步的感知。提前回顾课间活动，有利于推动教学进程

课中

<table>
<tr><th>教学环节</th><th colspan="2">教师活动</th><th>学生活动</th><th>设计意图</th></tr>
<tr><td>环节 1：听歌辨曲互动激趣</td><td colspan="2">1. 播放歌曲《课间十分钟》
2. 提出问题：同学们，这首歌的歌名跟我们今天学习的课题一样，大家知道这首歌叫什么吗
3. 板书课题：课间十分钟
4. 呈现问题：听完这首歌，你有什么感受</td><td>聆听歌曲《课间十分钟》，与老师互动，说说自己的感受</td><td>以同名歌曲导入，能够自然地引出课题，也能吸引学生的注意力，让学生更快地进入学习状态。同时，也让学生感受到课间活动的激情与快乐</td></tr>
<tr><td rowspan="2">环节 2：师生交流畅谈感受</td><td>（一）课间活动我来说</td><td>1. 畅谈我喜欢的游戏：同学们，你们喜欢在课间玩什么游戏，有哪些玩法呢
2. 利用多媒体课件播放学生课间活动的照片，呈现并简要分析问卷调查结果</td><td>回忆自己的经历，分享自己的所见所闻，积极地跟老师进行交流互动</td><td>通过分享与游戏相关的内容，呈现学生活动时的照片，能有效激发学生学习的兴趣，提高学生课堂参与的积极性</td></tr>
<tr><td>（二）游戏类型我来分</td><td>1. 如果我们现在需要把上面说到的游戏进行分类，你想怎么分
2. 这些游戏给我们带来了哪些好处呢
3. 播放视频《哦，课间十分钟》
4. 小结</td><td>进行小组探究和交流，在组内畅谈自己的想法，并进行小组汇报，观看老师播放的视频</td><td>以开放式问题引导学生进行小组探究交流，能提高学生分析问题和解决问题的能力</td></tr>
</table>

续表

教学环节	教师活动	学生活动	设计意图
环节 3：补充讲解深入交流	1. 小猪佩奇有一个疑惑：游戏种类这么多，我们应该如何选择呢？同学们，能不能用你们聪明的小脑袋，帮帮小猪佩奇呢 2. 同学们，你们在之前玩游戏的过程中，遇到过哪些问题呢 3. 你们认为产生问题的原因是什么？这些问题又会给我们的游戏活动带来什么影响呢？请在电子书包上上传讨论结果 4. 经过以上讨论，你们可以从中得到什么启示呢 5. 小结：玩课间游戏时我们要遵守游戏规则，不能随意打闹，要注意安全	先自主思考，然后在组内交流发现的问题和分析的结果，并通过电子书包拍照上传到平台上	让学生自主发现游戏中存在的问题并对其进行深入分析，有利于提高学生的探究能力和概括能力，使学生能从正反两面看待游戏，提高思辨能力
环节 4：模拟课间文明游戏	1. 播放视频《小飞侠》，让学生谈谈自己看后的感受 2. 组织学生玩“占领阵地”游戏，介绍游戏玩法及规则 3. 引导学生总结游戏感悟	观看视频，说说自己看完视频的感受。参与游戏，谈谈自己玩游戏后的想法和窍门	通过将视频中的游戏与现实游戏进行比较，使学生知道安全游戏的重要性，使学生在活动参与的过程中，进一步明确课间游戏注意事项，明确安全、文明玩游戏的重要性
环节 5 知识梳理总结提升	1. 呈现问题：这节课你有什么收获 2. 总结：课间十分钟，安全记心中，不追跑，不打闹，剧烈运动不能要，动静结合选择好，文明游戏要记牢	进行知识梳理，重温本课的学习内容。朗读总结语，提升对本课内容的认识	总结归纳有利于加深学生对学习内容的印象，明确学习的重难点，帮助学生养成及时复习和归纳的学习习惯

课后

教学环节	教师活动	学生活动	设计意图
教学监测总结反思	根据学生课上的表现撰写教学反思，利用电子书包向学生推送作业，让学生就本节课的学习写一写自己的学习体验	查看作业，回忆课堂活动并完成作业	有利于教师了解学生对本节课内容的掌握情况，从而改进教学。同时，学生也能通过作业再次回顾学习内容，加深印象

（七）练习设计

课前：设计一份有关学生课间活动的调查问卷，问卷的内容包括活动名称、活动类型、活动体验等。

课中：记录自己所知道的课间游戏，尝试将游戏进行分类，讨论并汇报游戏过程中的问题及问题出现的原因，从中得出启示。通过游戏加深对所学知识的认识。

课后：通过让学生写体验、感悟，了解学生对本课知识的掌握情况。

（八）评价设计

1.课前作业

通过查看学生课前完成的调查问卷，进一步了解学情，进行诊断性评价，有针对性地进行教学调整，把握教学节奏。

2.课中评价

采用形成性评价，注重采用师生交流和生生交流的方式，通过多样化的评价来提高学生的学习兴趣。

3.课后总结性评价

通过课后小习作来了解学生的知识掌握情况，属于总结性评价。

二、教学实际过程描述

本课教学通过课前、课中、课后三个环节来学习重点和突破难点，旨在通过视听体验和游戏体验，让学生在思考和探究中，懂得自觉遵守游戏规则，形成安全、文明游戏的意识。

（一）课前

教师通过电子书包向学生推送课间十分钟活动调查问卷，再通过分析问卷来了解学生课间活动的类型、体验等，进而调整教学策略，准备好上课需要用到的音频和视频资料，采用多种方式让学生有更加直观生动的体验，提高学生学习的积极性。

（二）课中

先通过同名歌曲营造课间活动氛围，并向学生提出疑问，自然引出《课间十分钟》这一课题。然后让学生畅谈自己喜欢的课间活动并对课间活动进行分类，思考课间活动带来的好处，为下一环节的学习做好铺垫。接着，通过选择游戏以及对游戏中的问题、问题出现的原因及问题的影响进行思考，引导学生进行深入探究，突破教学难点。接下来，通过不安全游戏和安全游戏的对比体验，帮助学生进一步认识安全、文明游戏的重要性，并懂得探索游戏小窍门。最后，用朗朗上口的文字进行总结，并让学生阅读，吸引学生的注意力，帮助学生厘清知识脉络和学习要点。

（三）课后

根据学生的课堂表现撰写教学反思，以便调整和完善以后的教学。布置小习作，让学生写一写自己的学习体验，进一步掌握学生的学习情况。

三、学生收获

本课的教学目标是让学生学会选择适合课间十分钟开展的游戏内容，能自觉遵守游戏规则，形成安全、文明游戏的意识。从教学过程中学生的讨论和回答情况来看，大部分学生都有自己的想法并能通过语言表达出来。

课前，对于教师推送的调查问卷，所有学生都能认真填写并及时上交。

课中，学生通过说游戏名称、游戏玩法，以及对游戏类型进行分类，初步了解了课间可玩的游戏，对参与人数、场地等对游戏的影响也有了一定的认识。在对游戏的选择、游戏中的问题及问题存在原因的探究中，学生通过自主思考和小组交流，突破了本课的难点，明白了要自觉遵守游戏规则，安全、文明游戏。同时，学生在观看视频和体验游戏后，能找到一些游戏小窍门，并通过对比说出安全游戏的重要性。最后，在总结归纳环节，学生能说出本课的主要内容。

课后，学生能独立完成作业，表达自己的真情实感。

四、教学反思

《课间十分钟》是与学生校园生活密切相关的一节课，具有强烈的生活色彩，本节课教学通过对图片、音频、视频及教材等资源的综合利用，将学生的生活与教学目标紧密联系，让学生在真实的活动中突破本课的教学重点和教学难点，逐渐形成安全、文明游戏的意识，提升小组合作能力和探究能力。

（一）注重对学生价值观的引导

《义务教育道德与法治课程标准（2022年版）》指出："坚持道德与法治课程的思想与价值引领，着力引导学生用理想之光照亮奋斗之路，用信仰之力开创美好未来，发挥道德与法治课程在落实立德树人根本任务中的关键作用。"[1]道德与法治课对小学生来说具有关键的价值观引导作用，因此，教师在进行教学设计时，要注重通过文本内容或其他教学资源，在教学过程中进行价值观的引导，帮助学生形成正确的世界观、人生观和价值观。同时，创造机会让学生在自主探究和发现中，逐渐形成自己的价值判断，不受他人的干扰。

（二）注重联系生活

生活性在道德与法治课教学中体现的十分明显，生活是道德与法治课的宝贵课程资源，该课程面向儿童的整个生活世界，旨在引导儿童在生活中发展、在发展中生活。由于小学生的知识经验有限，因此需要更多地借助生活素材来帮助其更加直观形象地学习和理解本课的教学内容。同时，教学目标归于生活也是教师教学时需要考虑的重要问题。学生真正做到学以致用，将所学内容应用到生活中，才能获得真正意义上的发展。

参考文献：

[1] 中华人民共和国教育部．义务教育道德与法治课程标准（2022年版）[S]．北京：北京师范大学出版社，2022.

第三节

发现与反思

——以《不做“小马虎”》第一课时教学为例

一、教学设计

（一）设计理念

《不做“小马虎”》一课采用交互式教学模式，通过多媒体课件和数字教学资源来搭建现实生活与学习内容间的桥梁，创设形式多样的课堂活动，让学生在参与活动的过程中完成特定学习任务。课前主要通过对家长、学生、教师的调查和访谈来了解学情。课堂上则以学生观察、发现和交流为主，通过故事情境来呈现问题，让学生通过观察发现马虎的种种表现，并反思自己是否存在同样的不足。最后，探究马虎可能带来的麻烦及形成的原因，突破本课教学重难点，顺利完成教学目标。整个设计在为学生带来丰富情感体验的同时，还能唤醒学生的认知，培养学生的发现能力和反思精神。

（二）教学目标

1. 知道什么是马虎，认识生活中马虎的种种表现，能进行自我查找，自我判别。

2. 初步感受马虎给自己和他人带来的种种麻烦。

3. 能探究马虎形成的原因，懂得自我剖析，形成克服马虎的意识。

（三）学情分析

一年级学生经常因马虎而抄错题、算错题和漏做题。同时，也会出现忘记带学习用品或忘交作业等情况。在生活中，也常因马虎而没听清事情，做错事、忘记事、耽误事。一年级学生对于马虎带来的后果没有直观的认识，既没有克服马虎的办法，也没有养成做事细致的习惯和意识。这可能与他们年纪小，活泼好动，做事经验不足，经常在行动中出现一心图快而考虑不周全有关。

（四）教学内容分析

1.教材内容分析

《不做“小马虎”》是统编版《道德与法治》一年级下册第一单元中第4课的内容。教材中包括两个内容：生活中的“小马虎”和怎样才能不马虎。其中有关于马虎原因的探讨——“小马虎”找原因和克服马虎方法的指导，教材辅助部分是两个绘本故事：小马虎添麻烦和都是马虎惹的祸。教材从儿童的生活出发，呈现马虎普遍存在这一现实，指明马虎带来的麻烦和危害，分析其形成的原因，寻找克服马虎的办法，有情感的体验，认知的唤醒，更有行为的指导。本课内容旨在培养学生的耐心与责任心，使学生能够在生活和学习中养成认真细致的好习惯。

2.教学重难点

教学重点：感受马虎给自己和他人带来的危害，能找到自己马虎的原因。

教学难点：学会探究自己做事马虎的原因。

（五）教学模式与策略设计

1.教学方法

结合教学目标和教学重难点，本课教学主要采用故事教学法、情境教学法和发现法。

（1）故事教学法。讲述古时有个画家随心所欲画出了《马虎图》及后续引发的故事，通过这个生动有趣的故事，加深学生对“马虎”一词的印象，激发学生的学习兴趣。同时，使学生从中感知《马虎图》带来的麻烦和危害，为学生后续学习做铺垫。

（2）情境教学法。道德与法治教学十分注重对学生生活经验的作用。本课通过呈现教材中的素材，播放《粗心的小画家》音频，让学生感知生活中种种马虎的表现，促使学生进行自我反思，进而发现自己的马虎行为。

（3）发现法。以问题为导向的发现法是本课教学的一大重点。在教学中，主要通过提问引导学生发现生活中马虎的表现及马虎可能带来的麻烦，这对探究马虎的原因，突破本课的教学重难点具有重要意义。

2.教学模式和策略

本课采用交互式教学模式，主要包括以下几个环节。

课前，教师通过调查问卷和访谈，向学生、家长和其他教师初步了解学情，并准备好上课所需的音频、图片等资料，做好上课准备。

课中，以“创设情境—侦查活动—深入交流—总结提升”为主线开展教学活动。为实现教学目标，本课设计了找马虎、思麻烦、探原因三个教学活动，让学生经历发现、反思和探究的过程，不断深入了解马虎的表现、可能带来的危害及马虎产生的原因，不断突破教学重难点。

课后，布置开放性作业。区别于其他书面作业，这类具有总结反思特点的作业有利于学生切实做到学以致用，改掉马虎的习惯。

（六）教学活动设计

课前

教学环节	教师活动	学生活动	设计意图
课前感知了解	课前根据教学内容设计一份了解学生学习、生活中马虎表现的调查问卷和访谈提纲，给学生推送任务，准备教学课件	查看并填写调查问卷，预习课文	通过调查和访谈把握学生马虎的表现，让学生对马虎有初步的感知，有利于课堂教学的开展

课中

<table>
<tr><th>教学环节</th><th colspan="2">教师活动</th><th>学生活动</th><th>设计意图</th></tr>
<tr><td>环节 1：情境导入故事激趣</td><td colspan="2">1. 出示马和老虎的照片，以及《马虎图》
2. 提出问题：同学们在现实或影视作品中已经认识了许多动物，现在请同学们认一认，这三张图中的动物分别是什么
3. 说明《马虎图》的出处，讲相关故事
4. 画家为什么赔了那么多钱，还失去了二儿子
5. 板贴：“马虎”</td><td>观察三张照片，并尝试说出三张照片中动物的名称；认真听关于《马虎图》的故事；思考讨论教师提出的最后一个问题</td><td>创设与课题相关的情境导入教学，自然引出“马虎”一词；故事的讲解有利于让学生知道“马虎”一词的来源，初步了解“马虎”的内涵；对问题的探讨有利于让学生初步感知马虎带来的危害，对本课难点的突破具有重要意义</td></tr>
<tr><td>环节 2：侦查活动畅谈感受</td><td>（一）生活中的“小马虎”</td><td>1. 播放音频《粗心的小画家》
2. 提问：为什么说丁丁是粗心的小画家呢？说说你的想法
3. 出示课本插图，并呈现任务：在生活中，丁丁也是个小马虎。我们一起来看看，丁丁还有哪些马虎行为呢
4. 小朋友们有过同样或类似的经历吗？谁愿意和大家分享一下自己做过的马虎事</td><td>边听边找丁丁马虎的表现，说出自己认为丁丁马虎的理由；通过观察说出丁丁的马虎行为，反思自己做过的马虎事</td><td>将任务与音频相结合，既能降低教学难度，又能激发学生的兴趣，高效完成教学任务。课本插图的呈现和学生经历的分享，有利于学生再次理解马虎，并形成对马虎的危害的初步认识</td></tr>
</table>

续表

教学环节	教师活动		学生活动	设计意图
环节2：侦查活动畅谈感受	（二）马虎做事危害多	1. 同学们都做过这样或那样的马虎事。那么，马虎会给我们带来怎样的影响呢？请大家阅读绘本故事——《小马虎添麻烦》并进行思考交流 2. 小结：马虎不仅会影响自己，还会给别人带来麻烦 3. 试想一下，司机、医生、建筑工人、飞行员等不同职业的人马虎了，会出现什么后果 4. 小结：马虎不仅会带来小麻烦，还可能存在安全隐患，甚至付出生命的代价	自主阅读绘本并在组内交流，说出自己的想法，并进行总结概括；展开想象，思考马虎可能带来的危害	通过绘本故事并联系生活实际，让学生深刻体会马虎带来的危害，让学生明白认真细心的重要性，坚定克服马虎的决心
环节3：深入交流游戏激趣	1. 我们已经认识和发现了马虎事，并了解了马虎带来的危害。下面我们一起来探究马虎出现的原因 2. 互找原因：四人一组，在组内说自己的一次马虎经历，其他三人帮忙找找马虎出现的原因 3. 同学们，我们已经知道了马虎的危害和马虎出现的原因，那我们要不要做“小马虎”呢 4. 板贴：“不做” 5. 玩游戏：传悄悄话，找错误		在组内进行分析交流，探讨马虎的原因；参与课堂游戏，力求做到不马虎	让学生探究原因并进行反思，之后通过游戏进行巩固，有利于提升学生对马虎的体验，培养学生发现和反思的意识
环节4：知识梳理总结提升	1. 呈现问题：这节课，你收获了什么 2. 总结：今天我们知道了什么是马虎，知道了它带来的麻烦，知道了马虎出现的原因，还立志要改掉马虎的坏习惯。我相信，我们以后能养成做事专心细致的好习惯，再也不会马虎了		对学习内容进行回顾，尝试总结、概括已学的内容和自己的学习体验	总结归纳对学生学习和记忆新内容具有重要作用。本课的总结，能够让学生再次意识到马虎的危害，坚定学生改掉马虎的决心

课后流程

教学环节	教师活动	学生活动	设计意图
教学反思追踪效果	对本课教学进行反思，并通过电子书包发送作业，要求学生制作成就记录卡	查看作业，回忆当天克服马虎的事项并记录下来	教学反思有利于提高教师的教学水平；通过作业，教师可以了解学生的学习效果，学生也能因此收获成就感和喜悦

（七）练习设计

课前：设计一份了解学生马虎表现的调查问卷和访谈提纲，进一步了解学情。

课中：谈谈自己对马虎种种表现的认识；通过绘本阅读和联想探究马虎的危害；结合自己的生活经验，在小组内互相交流马虎的原因。

课后：让学生制作成就记录卡，可以通过画画、文字等形式呈现。

（八）评价设计

课前：采用形成性评价。通过对学生、家长、教师的调查和访谈，了解学生日常生活中的马虎表现，充分把握学情。

课中：采用表现性评价。在课堂上，对不同环节不同活动中学生的发现、交流、探究等行为、态度和表现进行评价。

课后：采用总结性评价。对学生上交的成就记录卡进行评价和反馈。

二、教学实际过程描述

本课以学生的生活经验和兴趣为出发点，利用故事、音频等创设多样的学习活动，让学生在不同的情境中观察和发现，深入探究马虎的危害和马虎出现的原因。利用电子书包，在课前和课后向学生推送作业。课中则利用教室的多媒体平台，让学生通过侦查活动、绘本阅读、参与活动等方式学习本课内容。

在课堂上，首先出示《马虎图》，吸引学生的注意力，并向学生讲述相关故事，让学生对马虎的危害有初步的感知。接着，学习生活中的“小马虎”，让学生通过听歌和观察插图，认识和发现马虎的表现；通过阅读绘本和联想，了解、感受马虎的危害；通过互找原因这一活动，倾听伙伴的马虎经历，探究和反思马虎出现的原因；最后，让学生在游戏中明白认真细致的重要性，坚定改掉马虎习惯的决心。

三、学生收获

课前，学生通过完成教师在电子书包上推送的调查问卷及课前的预习，对马虎的表现有了初步的了解。

课中，在导入环节，通过教师的讲解，学生能初步了解马虎的内涵，感知马虎的危害。在环节 2 的两个活动中，学生能充分认识生活中常见的马虎表现及马虎带来的危害；通过环节 3 的深入交流和游戏，学生能说出马虎出现的原因，知道改掉马虎习惯的重要性。经过学习，学生了解并掌握了本课教学内容，懂得了做事认真细致的重要性。

课后，通过开放性作业——制作成就记录卡，使学生深化了对马虎的认识，体验到认真做事的快乐。

四、教学反思

《不做“小马虎”》一课与学生的学习和生活息息相关，可以帮助学生改掉马虎的习惯。本节课教学充分利用数字化教学资源，通过创设多样化的教学活动，让学生在观察、发现和交流探究中深入学习本课内容，探究做事马虎的原因，培养发现精神和反思意识。

（一）注重数字化教学资源的使用

在信息时代，数字化教学资源已成为教师备课和学生学习的一种重要资源。在进行教学准备时，教师要充分利用数字化教学资源来丰富自己的教学活动形式，注重线上线下相结合，改变以教师讲授为主的单一化教学方式。数字化资源的使用，不仅能弥补教师信息素养不足的缺陷，还能打破时空的局限。因此，数字化资源的合理利用，可以在方便教师开展教学活动的同时，超越文本内容的局限，提高学生的文化素养，发展学生的思维。

（二）注重激发学生的学习兴趣

兴趣是最好的老师。道德与法治课是小学生了解和适应校园生活与社会生活的重要载体。因此，在教学时，既要善用图文并茂的教材，也要注重活动的创新，集教育性与趣味性于一体，让学生在玩中学、学中玩，变学习负担为学习享受，提高学习的兴趣。

第四节

表达与欣赏

——以《不一样的你我他》第一课时教学为例

一、教学设计

（一）设计理念

本课设计的重点在于充分发挥游戏的作用和电子书包的优势，让学生在玩中学、学中玩，使儿童本位的思想得以落实。课前，让学生利用电子书包录一段 15 秒左右的音频（内容不限）并发送到平台上。课中，通过观察图片、听声辨人、作画、“糖弹”大爆炸等活动，让学生以这种交互的方式体验游戏的乐趣，意识到每个人的不同以及每个人想法的不同，进而学会理解和尊重他人，并在观察和思考后，能够欣赏每个人独特的闪光点，感受大家为集体带来的精彩。

（二）教学目标

1. 了解同学的特点，意识到人各有不同。

2. 能够通过具体事物认识到不同的人有不同的选择和想法，懂得理解和尊重他人的想法和选择。

3. 观察同学和自己身上的闪光点，感受到正是大家的不同使集体和社会生活变得丰富多彩。

（三）学情分析

三年级的学生已具有较强的自我中心意识，虽然能了解他人的观点，但对他人和自己迥然不同的观点，仍然难以理解和接受。部分独生子女，由于家长的溺爱和同伴的缺失，他们不太懂得尊重别人。因此，有必要对他们进行引导，让他们学会理解、宽容别人，与他人和谐相处，认识到人与人之间的不同，理解这种不同的合理性和重要性。同时，儿童的同伴交往需求还是较为明显的，他们渴望结交朋友，但也经常为结交朋友而烦恼。掌握一定的同伴交往技能，能帮助学生交到更多“不同”的朋友，体验“不同”带来的快乐和精彩。

（四）教学内容分析

1.教材内容分析

《不一样的你我他》是统编版《道德与法治》三年级下册第二单元第2课的内容，由“找找我们的‘不同’”“与‘不同’友好相处”“‘不同’让生活更精彩”三个板块组成。本课为“找找我们的‘不同’”这一板块，以“比一比”活动引入，让学生认识到人与人之间就像同一棵树上的树叶一样，外表各不相同。接着是“找不同”和“展开想象”两个活动，让学生通过参与和体验，认识到人与人之间除了外表不同外，爱好、性格、想法都可能不同。

2.教学重难点

教学重点：了解自己，了解他人，意识到每个人都各有特点。

教学难点：学会与人和睦相处。

（五）教学模式与策略设计

本课采用交互式教学模式，充分发挥电子书包的优势，通过课前、课中和课后三大环节开展教学活动。课中包括以下四个教学环节：游戏导入，感知新知→活动体验，交流新知→情感升华，领悟新知→总结提升，回顾新知。

课前，要求学生自行录制一段15秒左右的音频（内容不限）并发送到学习平台上。通过课前音频的收集、筛选，制作听声辨人环节的相关音频，准备必要的学具、教具。

课中，设计识图、听声辨人、作画、“糖弹”大爆炸等形式多样的教学活动，通过多媒体课件，呈现相关的图片、音频等，让学生在游戏、活动体验、课堂交流中，不断认识你我他的不同及不同带来的意义，实现预定的教学目标。

课后，根据学生的课堂表现撰写教学反思，思考改进之处，并通过电子书包发送练习。

（六）教学活动设计

课前

教学环节	教师活动	学生活动	设计意图
课前感知体验	1. 课前通过电子书包发送课前任务，并在家长微信群发布文字提醒 2. 整理挑选学生录制的音频，收集其他资料，制作课件	查看任务要求，录制一段15秒左右的音频（内容不限）并上传	让学生对教学内容有初步的感知，但对课前任务的要求存在疑惑，有利于激发学生的好奇心，提高学生的学习兴趣

课中

教学环节	教师活动	学生活动	设计意图
环节1：游戏导入感知新知	1. 头脑风暴——找不同：仔细观察PPT展示的两张图，找出不同之处 2. 提出问题：这两张图中的小朋友很像，但我们还是能发现他们不一样的地方。再看看自己，我们和别的同学一样吗 3. 总结：我和你不一样，我和他也不一样，今天我们就来学习《不一样的你我他》 4. 板书课题：不一样的你我他	观看图片并找出不同之处，与同伴交流，与老师互动	“找不同”这一游戏，有利于激发学生的学习兴趣，调动学生的学习积极性。由游戏引申到生活的导入形式，衔接比较自然，能让学生初步感知每个人都各有不同

续表

教学环节	教师活动		学生活动	设计意图
环节 2：活动体验交流新知	（一）听声辨人	1. 利用多媒体课件，播放 3 段学生课前录的音频 2. 同学们，这 3 段音频中的声音听起来是不是很耳熟？其实这是我们班其中三位同学录的音频。仅仅通过听音频，你能知道这三位同学是谁吗	聆听音频，猜想是哪三位同学的声音，积极跟老师交流互动	利用学生自录的音频开展听声辨人活动，更贴近学生的生活，容易引起学生的兴趣，使学生产生共鸣。同时，也通过不同的声音，让学生体会到每个人都是不同的。同学间可能会出现不同的意见，这对引导学生尊重他人的想法有积极的作用
	（二）我说你猜	1. 通过电子书包推送练习：任选班上的一名同学，用文字描述他的外貌或兴趣等 2. 随机挑选一些描述，老师说，学生猜 3. 揭晓答案	在电子书包上完成练习，与老师互动，谈谈自己的想法。揭晓答案	让学生先描述，使该环节出题的主体变为学生，增强神秘感。这一环节有利于增进师生的互动，锻炼学生的表达能力，使学生发现同学身上的闪光点或特别之处
	（三）创意画家	1. 请学生翻到课本第 11 页，展开想象，完成作品 2. 请若干学生自由上台展示自己的作品并分享自己的想法 3. 小结：不同的人对同一事物会有不同的想法和表达方式。在现实生活中，面对同一事物每个人的想法和选择都可能不同，所以我们要学会尊重他人的观点和意见	根据自己的想法自由作画，上台展示并分享自己的想法或在台下观看同学的作品，聆听同学的想法。认真听讲并做好笔记	让学生自由作画，能够充分激发学生的想象力；作品展示和交流有利于提高学生的成就感，锻炼学生的胆量，同时也能直观地向学生呈现每个人想法和选择的不同，便于教师引导学生学会尊重他人
环节 3：情感升华领悟新知	**“糖弹”大爆炸** 1. 要求学生根据需要制作“糖弹”：把对本班一位或多位同学的赞美之词写到纸上，做成“糖弹” 2. 让学生将做好的“糖弹”传递给想赞美的同学，直至把手中的“糖弹”都送出去方可拆开自己收到的“糖弹” 3. 组织学生进行小组交流，让学生谈谈送出“糖弹”与收到“糖弹”后的感受，并请学生做嘉宾，接受老师的采访，读出自己收到的“糖弹”内容，并说说自己的感受		自主制造“糖弹”，写下赞美之词，送出“糖弹”，拆开“糖弹”，分享自己的感受，感受自己为班级做出的贡献，享受他人的赞美	让学生在制作“糖弹”的过程中，懂得感激他人的付出和努力，欣赏他人的特别与不同；同时，享受他人为自己带来的喜悦，肯定自己的价值；进一步体验每个人的不同及其对班级的贡献，实现情感上的升华

续表

教学环节	教师活动	学生活动	设计意图
环节 3：情感升华领悟新知	4. 小结：在班级中，你、我、他各有不同，但我们都有自己的闪光点，都在为我们的班级贡献自己的力量		
环节 4：总结提升回顾新知	1. 本节课你有什么收获 2. 结合自己的特长，说说你能为同学或班集体做的两三事	回顾本课内容，说说自己学到的知识及活动体验或感悟；说说自己擅长做的事能为他人或集体带来什么	学生能在总结中进一步了解本课内容，懂得欣赏每个人的不同，了解每个人的特长对他人、集体的影响和帮助

课后

教学环节	教师活动	学生活动	设计意图
教学监测总结反思	比较预期和生成的不同，撰写教学反思，思考改进策略；通过电子书包向学生推送作业，要求学生回忆并记下自己为班级做的贡献	查看作业，记下自己为班级做的事	教学反思有利于改进教学；布置作业则有利于教师对学生进行教学监测，同时有助于学生感受自己对班级的贡献，增强班级荣誉感

（七）练习设计

课前：推送作业，要求学生录制一段 15 秒左右的音频（内容不限），并通过电子书包上传至平台上。

课中：开展找不同、听声辨人、我说你猜、创意画家、“糖弹”大爆炸等活动，使学生意识到每个人的不同，发现每个人的闪光点。

课后：让学生记下自己曾为班级做的事，了解学生的学习情况。

（八）评价设计

课前：教师向学生推送作业，要求学生上传一段音频，根据学生上传的音频质量初步判断学生的学习态度。

课中：教师根据学生在活动中的实际情况适时调整教学计划，把握教学进程，引导学生进行总结；明确学习内容，对学生的回答和课堂其他表现做出及时有效的反馈评价。

课后：学生通过本课的学习和课后作业，能深入体会到每个人的不同，知道每个人身上都有闪光点，体验自己为班级做的贡献。

二、教学实际过程描述

本节课采用交互式教学模式，通过学生喜闻乐见的游戏或活动，结合电子书包和多媒体课件，让学生进行交互式学习，主要包括课前、课中、课后三个环节。

（一）课前

教师通过电子书包向学生推送作业，再挑选部分音频作为上课时的活动素材，根据课上的游戏和活动需要准备其他资料，并制作课件。通过线上线下相结合的教学方式实现更高效的教学和交流。

（二）课中

首先，说明头脑风暴“找不同”游戏的内容，由图片联系到现实生活，引出课题《不一样的你我他》。其次，播放学生课前上传的音频，组织学生聆听班上不同同学的声音，猜出同学的名字，初步感知人各有不同。再次，要求学生在电子书包上对班上一位同学进行描述，教师选择一些描述让学生猜猜这是谁并请相应的同学揭秘，初步感知同学身上的闪光点或特别之处。此外，设计创意画家活动，要求学生发挥想象力作画、展示作品并分享想法，让学生学会尊重他人的想法和意见。通过“糖弹”大爆炸活动，组织学生写下对他人的赞美之词并进行“糖弹”传递与感受分享，使学生深刻体会每个人的闪光点。最后，带领学生回顾本节课内容，思考自己的特长能为同学或班级做哪些事。

（三）课后

结合课前预设及课堂生成，撰写教学反思，思考、调整和完善教学策略。通过布置“记下自己曾为班级做的贡献”这一作业，进一步掌握学生的学习情况。

三、学生收获

其一，教师课前布置的录音任务，大多数学生都能认真完成并及时上传到指定平台。

其二，在教学的各个环节中，学生能积极配合并及时完成教师布置的任务。教师播放音频后，同学们能迅速反应并猜出是哪位同学的声音，感知每个人声音的不同。教师说出学生对部分同学的描述，有一些描述由于不够深入，猜的时候存在歧义；对于细节描写较多的描述，学生则能较快地猜出结果。在作画环节，学生能充分发挥自己的想象力，画出自己喜欢的作品并大方呈现，分享自己的想法。在“糖弹”大爆炸活动中，更是不吝赞美，表达出对他人的欣赏。在总结环节，大多数学生能轻松说出本课的内容及自己的特长，以及对同学或班级有何具体帮助。

四、教学反思

总体而言，本节课的教学目标基本达成，这得益于电子书包和多媒体的使用。课堂气氛活跃，学生热情高涨。回顾本节课教学，有以下四个亮点：一是善用游戏和活动情境。这丰富了课堂教学形式，有效地调动了学生课堂参与的积极性，对教学重难点的突破具有积极作用。二是注重多种感官参与。让学生在听、写、说、画、做的过程中充分体验到学习的乐趣，提高了学生的语言表达能力和动手操作能力。三是注重学生的主体地位。在各种游戏和活动中，注重让学生说和做，引导学生在师生互动的过程中总结要点、突破难点。四是灵活运用信息平台。善于利用电子书包、微信、多媒体设备的优势，打破教学时空的限制，实现更高效的沟通和交流。

当然，本课教学也存在一些不足之处：一是音频和描述文字选择的随机性强。由于音频的选择和“我说你猜”环节描述文字的选择随机性强，未被抽到的学生，可能会出现不平衡的心理。二是一些比较安静的学生没有收到“糖弹”。因为安静的学生比较难引起其他同学的关注，他们容易因此自我否定或产生自卑心理。

第五节

回顾与交流

——以《上学路上》第二课时教学为例

一、教学设计

（一）设计理念

本课教学主要通过让学生课前回顾常接触的交通信号知识，以课上交流的方式展开，内容贴近学生生活，具有很强的生活性，此外还体现了趣味性和开放性。课前根据教学内容和教材的呈现，结合学生上学路上的交通情况，设计一份交通知识情况调查表，让学生回顾交通安全常识，为课上活动的开展做好准备。课上，根据学生的小组交流情况和结果汇报，教师适时对学生的讨论内容做出评价和引导，让学生得以在回顾中感知，在交流中学习，联系上学路上的出行和交通情况，突破本节课的教学重难点。此外，在教学过程中不断强调安全出行的重要性，提醒学生遵守交通规则。

（二）教学目标

1. 认识常见的交通标志、交通信号灯，知道它们的含义。

2. 通过相关图片和视频，了解交通安全常识，反思自身存在的问题，规范上学和放学路上的安全行为。

3. 遵守交通规则，提高安全意识，做一名文明的小公民。

（三）学情分析

一年级新生刚刚上学，对学校及周边环境比较陌生，多数学生还习惯于在家人的照顾下生活，对上学、放学路上隐藏的交通安全隐患认识不足，安全意识相对薄弱，遵守交通规则的意识观念还不够强。但他们普遍具有很强的好奇心和热情，对陌生事物保有新鲜感，易引发强烈的探究欲望。借助这一特点，创设多样的教学情境，通过学生喜闻乐见的形式，使学生看到、了解到和直观体验到上学路上的一些交通规则，引起学生对安全上学、放学的关注，这对培养学生遵守交通规则，提高安全自护意识具有极大的帮助。

（四）教学内容分析

1.教材内容分析

《上学路上》是统编版《道德与法治》一年级上册第一单元中的第4课，分两课时教学。教材内容包括“不同的上学路”“这样安全吗”“路上的温暖”“交通‘信号’要知道”四个板块。本课为“交通‘信号’要知道”板块，展现了安全与不安全、真实与虚拟的几个交通场景，最后附有一首交通规则儿歌。结合学生实际情况，对上学路上可能遇到的交通信号进行普及讲解，并引导学生回归到真实的生活中，就不同的出行方式、需要注意的交通问题进行讨论交流。同时，让学生在模拟的交通情境中巩固所学交通知识，规范自己的行为，提高安全意识。

2.教学重难点

教学重点：了解常见交通信号的含义，树立自觉遵守交通规则的意识。

教学难点：树立安全意识，养成遵守交通规则的好习惯。

（五）教学模式与策略设计

本课采用交互式教学模式，课前，教师结合教学内容，设计一份交通知识情况调查表，并通过电子书包推送给学生。学生可通过电子书包查看调查表，填写并上传自己所熟知的交通信号知识。通过回顾相关知识，引导学生初步感知本课教学内容。

在具体的课堂教学中，教师主要借助多媒体课件，让学生在听歌识内容、看图辨是非、知识抢答、情境模拟、小组讨论、儿歌朗读等形式多样的教学活动中，对交通信号有充分的感知，对安全行为有充足的体验。在师生互动、生生互动的形式下，学生作为课堂的主体，学习热情高涨，课堂气氛轻松而热烈。同时，已学知识的回顾与新授内容的抢答，能让学生有效了解安全隐患，主动巩固与交通信号相关的内容，提高安全意识。

课后，教师基于教学内容，通过电子书包推送任务，并在家长微信群进行提示，让学生能及时回顾、总结新学知识，而教师则能通过作业完成情况掌握学生的学习情况和学习效果，进而对内容做一些调整和改进，以便以后更好地开展教学活动。

（六）教学活动设计

课前

教学环节	教师活动	学生活动	设计意图
课前感知体验	根据教学内容设计一份交通知识情况调查表，推送任务，制作课件	接收、查看并填写调查表，提前预习课本内容	让学生形成对教学内容的初步感知；提前回顾相关交通知识，有利于推动教学活动的开展

课中

教学环节	教师活动		学生活动	设计意图
环节1：情境导入听歌识课	1. 播放歌曲《红绿灯》 2. 提出问题：同学们，在这首歌中，你听到了什么 3. 这首歌的歌词与我们今天将要学习的内容密切相关。你知道今天我们要学习的内容是什么吗 4. 板书课题：上学路上 5. 呈现问题：听完这首歌，你有什么感受		聆听歌曲《红绿灯》，与老师积极互动，说说自己听到的内容和听后的感受	以与教学内容相关的歌曲导入，能够顺势引出课题，引起学生的学习兴趣，让学生快速进入学习状态。同时，也让学生快速回顾一些基本的交通常识
环节2：师生互动畅谈感受	（一）交通"信号"要了解	1. 回顾课前作业：同学们，在学习本课之前，我们先一起来回顾一下我们认识的一些交通信号及其含义 2. 利用多媒体课件播放学生的课前作业并给予肯定和表扬 3. 出示一些常见的交通信号和标志，和学生一起展开学习	回忆自己的作业内容，积极与老师进行交流互动，在老师的带领下展开学习，并做好笔记	通过回顾课前作业，学生对已知的交通信号及其含义有了更加深刻的认识；肯定和表扬能提高学生的学习积极性；回顾已有知识能使后续的学习更有针对性
	（二）不同情况我会说	1. 分组和出示任务：以大组为单位，请大家结合上节课及这节课的内容，分别就步行上学、乘车上学和家长接送上学过程中应该注意的问题展开讨论，并做好相关记录 2. 组织学生上台进行汇报并加以引导 3. 播放视频《宝宝巴士儿歌》 4. 小结	根据本组任务，结合自己的所见所闻，进行小组讨论，在组内畅谈自己的想法，并进行小组汇报，观看老师播放的视频	基于开放性的问题，让学生回顾生活经历，展开交流，有利于提高学生的小组合作能力，培养学生的归纳习惯
环节3：知识提升活动体验	（一）知识抢答，行为判断	1. 随机出示不同的交通信号，要求学生说出其对应的含义 2. 出示含有不同交通信号的场景，要求学生判断其行为的对错 3. 小结：安全出行，我们要了解不同交通信号的含义，严格遵守交通规则，做文明的小公民	思考并回答问题，结合自己所学的内容对老师所展示的行为进行判断	学生经历抢答和判断的过程后，会对知识有进一步的理解和认识，实现理论和实践的有效结合，提高应用能力，并为后续的活动奠定基础

续表

教学环节	教师活动		学生活动	设计意图
环节3：知识提升活动体验	（二）情境模拟，应用新知	1. 借助多媒体课件，出示不同的交通信号，让学生谈谈在特定场景下的正确做法 2. 拿出课前准备的交通信号道具，让感兴趣的学生到讲台上模拟该交通信号下的安全行为	结合已学内容进行思考，说出相应场景的正确行为，并对自己在活动中出现的错误进行反思	由明确正确行为，到情境扮演，有效提高了学生的学习热情，提高了学生的知识应用能力和安全意识，让学生明确遵守交通规则的重要性
环节4：知识梳理总结提升	1. 呈现问题：这节课你有什么收获 2. 齐读课本中的总结儿歌		进行知识梳理，重温已学的内容；齐读儿歌，提升对本课内容的认识	对知识进行总结梳理有利于加深学生对本课所学内容的记忆，使学生明确相关做法，养成归纳的好习惯

课后

教学环节	教师活动	学生活动	设计意图
教学监测总结反思	根据学生课堂上的表现撰写教学反思，利用电子书包向学生推送录制宣传视频的任务，让学生结合本课内容向身边的人传递交通信号的相关知识	查看作业，回忆课堂活动，并完成录制宣传视频的任务	有利于教师掌握学生的学习情况，改进教学。同时，学生也能通过作业再次回顾学习内容

（七）练习设计

课前：完成交通知识情况调查表，调查表的内容包括对交通信号灯、交通标志含义及交通行为的判断等。

课中：记录自己比较陌生或印象比较模糊的交通信号及其含义。结合所学内容完成相关的活动和任务，在回顾与交流中发现不同情境中的安全隐患，明确安全行为，意识到遵守交通规则的重要性。通过不同梯度的练习提升学生对所学内容的理解。

课后：通过让学生录制宣传视频，了解学生对知识的掌握情况。

（八）评价设计

1.课前作业

通过查看学生课前完成的调查表，深入了解和掌握学情，形成诊断性评价，进而调整教学内容，使之与学情更相符。

2.课中评价

课中主要采用形成性评价。注重师生互动和生生互动，通过及时有效的评价来肯定和引导学生，让学生获得学习的成就感。

3.课后总结性评价

通过让学生课后录制宣传视频来了解学生对本课内容的掌握情况，这属于总结性评价。

二、教学实际过程描述

本课教学主要包括课前、课中、课后三个环节，通过视听体验和情境模拟，引导学生在不同的情境中突破教学的重难点，让学生在回顾、交流和体验中，不断巩固交通信号的含义，养成遵守交通规则的好习惯。

（一）课前

教师借助电子书包向学生发送交通知识情况调查表，然后通过对调查结果进行分析，了解学生在交通规则认识上的盲点和误区，进而调整教学内容，同时准备好上课所需的音频、视频和情境模拟所需的道具，通过形式多样的活动让学生对本课内容有充分的感知和体验，激发学生课堂参与的积极性。

（二）课中

首先，以与教学内容相关的歌曲导入，让学生对本课内容有大致的了解，借助相关问题，引出《上学路上》这一课题。其次，带领学生回顾和学习交通信号的含义，并将内容延伸到使用不同出行方式时应注意的问题上，加深学习内容的深度，为后续的活动做好准备。再次，通过知识抢答和行为判断，引导学生从理论和实际两个方面进一步学习本课的重点和难点；通过情境解答和情境模拟，帮助学生树立安全意识，懂得遵守交通规则的重要性。最后，以节奏感强、高度概括的儿歌做结，让学生齐读儿歌，帮助学生梳理知识框架，回顾本课所学内容。

（三）课后

根据学生的课堂表现和教学实际，撰写教学反思，为以后的教学提供参考。通过布置录制宣传视频的作业，让学生向身边的人进行宣传，进一步了解学生对本课内容的掌握情况。

三、学生收获

本课确立的教学目标为认识常见的交通信号及其含义，规范上学和放学路上的行为，提高安全意识，养成遵守交通规则的好习惯。从教学过程中学生的回顾、交流和汇报情况可以知道，本节课教学效果不错，学生能够就相关问题展开思考。

课前，教师推送的交通知识情况调查表，所有学生都能及时完成并上传。

课中，学生通过听歌，对本课内容有了初步了解。在对课前作业的回顾及常见交通信号和标志的学习中，学生对交通信号有了进一步的认识。之后，学生在教师的组织引导下，就不同出行方式需注意的问题展开讨论，树立安全意识，逐步明白遵守交通规则的重要性。此外，学生在经历了知识抢答、行为判断、情境模拟活动后，进一步明确了遵守交通规则的重要性。在总结部分，学生能快速回顾所学知识，说出本课的主要内容。

课后，学生能通过视频，以自己擅长的方式向身边的人宣传遵守交通规则的重要性。

四、教学反思

《上学路上》是与学生息息相关的一课，生活性强，应用性高，教材所呈现的内容学生在生活中随处可见。

我在教材插图及内容的基础上，收集了一些图片、音频、视频资源，对教学内容的深度和广度都做了一定的延伸，使学生的现实生活与本课的教学目标建立联系，拉近了学生与教学内容之间的距离。基于学情，通过学生喜闻乐见的游戏和活动，让学生在课堂中有充分的体验。引导学生在对现实的回顾、任务的讨论和活动的体验中突破本课的重难点，树立安全意识，养成遵守交通规则的好习惯，提高小组合作能力。

第六章
美术交互式教学模式及经典案例

美术以视觉形象承载和表达着人的思想观念、情感态度和审美趣味，丰富着人类的精神世界和物质世界。美术课程的开展对为国家培养具有人文精神、创新能力、审美品位和美术素养的现代公民具有重要的积极意义。结合美术学科交互式教学的突出特征和应用优势，我们在湛江市第十六小学的交互式教学改革实践中探索建立了美术交互式教学模式，并提供了美术交互式教学设计与实施的三个典型案例，望借此向大家介绍交互式教学模式下的美术学科教学，希望能给一线教师一些参考和启发。

第一节

美术交互式教学模式

一、美术交互式教学模式概述

（一）基本定义

美术交互式教学模式旨在通过师生、生生之间有组织、有目的的多向交互，促进学生审美品位和审美能力的提高，使学生形成对自然、对人类社会的热爱和责任感；旨在让学生通过感知、理解、创造，表现出自己的个性和创意，培养学生的实践能力、创新能力等，内化学生对美的理解，促进学生人文精神和人文关怀的提高。美术交互式教学模式以学生为核心，结合信息技术，着重培养学生美术学科的核心能力，即在信息化环境中，以艺术品析和艺术实践为主要手段，培养学生的审美能力和审美品位，发展学生观察艺术、理解艺术、创造艺术的能力，使其感受到生活的美好。师生、生生之间的多向交互使得美术课堂从静态转变为动态，使学生能够在智慧碰撞中更新观点，增长见识，构建自己独特的审美体系，增强思考和探究的能力。在美术交互式教学中，学生的学习主要在于双向交流。教师在课堂教学中要善于利用现代化教学手段，鼓励学生积极大胆地与教师讨论，要创造机会让生生之间相互交流、相互合作，从而使学生的想象力、创新能力、观察能力等得到全方位的提高，为社会输送高素质人才。

（二）基本原则

1.开放性

美术学科的知识、技能、概念属于人文科学，应与社会、家庭艺术教育形成一个相互联系、相互促进的整体，其教学方法必须走向开放[1]。美术交互式教学模式的开放性强调以人为本的发展观和整体育人的教育理念，旨在借助现代教育资源的丰富性和综合性，对学生进行审美情趣、艺术素养和创新精神的培养，具体表现在教学思想、教学环境、教学内容、教学过程的开放上。

2.对话性

《诗经》写道："有匪君子，如切如磋，如琢如磨。"《礼记·学记》曰："独学而无友，则孤陋而寡闻。"皆是强调合作在学习中具有不可替代的重要意义。美术教学中的对话，就是教师、学生以及电子媒介三者之间的交流与合作，能激发学生学习的兴趣与主动性，使学生达到"博学多识、灵活贯通"的境界。对话是学生在主观意识的引领下，发挥学习主体性，与他人共享智慧、碰撞智慧，从而生成智慧的过程。本课程注重培养学生在思考、讨论和评价过程中逐步形成良好的美术综合能力，促进学生健康人格的发展。在教学过程中要及时捕捉学生的生成性见解，借助师生对话、生生对话帮助学生突破思维界限，逐步形成创新能力和审美能力。学生的美术综合素养必须借助对话，才能不断提高。因此采用美术交互式教学模式，教师在教学过程中必须重视其对话性，努力让学生在教师、学生及电子媒介三者之间的交流与合作中获得成长。

3.生本性

美术教育应特别注重以学生为主体的研讨和探索，明确“以学生为本”教学设计的指导思想。即要努力激发学生的主体意识，鼓励学生积极创造，使师生在民主、平等、轻松、愉快的氛围中进行有效的双向交流。这就要求教师要摒弃唯我独尊的教学思想，尽快实现自身角色的转变，从教育教学活动的绝对支配者转变为学生学习过程中的引导者、领路人、授业者、解惑者。在教学过程中，教师可以对教学目标、教学情境、信息资源、探究学习、自主学习、合作学习、练习活动、学习评价等方面进行精心谋划和设计，结合现代化信息技术环境，以多样的教学方式引导学生主动参与到美术课堂的研讨和探索中来，尊重学生的主体地位，从而培养有思想、有个性、人格健全的学生个体。

二、美术交互式教学模式的基本环节

美术交互式教学模式是一种以学生为核心，以教师、学生、电子媒介三者之间的交流与合作为主的教学模式，是在教育信息化环境下对美术学科与交互式教学深度融合的探索。课前，教师利用电子书包给学生推送预习任务，然后根据学生的完成情况在课上组织学生学习，并适当进行教学拓展，最后根据教学目标设计相应的评价方式检验学生的学习效果，并对教学进行反思和改进。交互式教学模式的基本环节如图 1 所示。

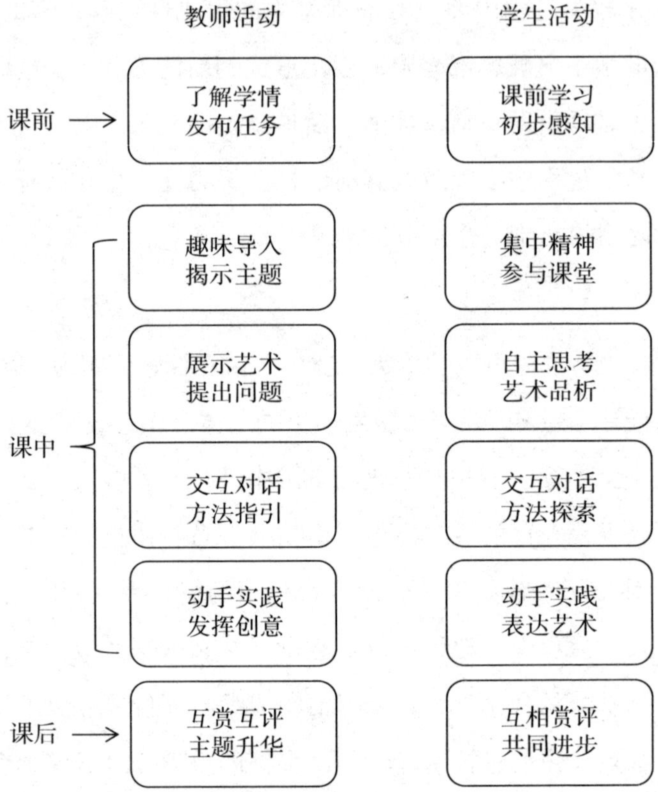

图 1　美术交互式教学模式的基本环节

（一）课前

先学后教，顺学而导。教师先利用电子书包布置课前预习任务，学生在电子书包上完成任务，之后教师查看任务完成率，了解学情，再有针对性地发布课前小练习等。学生根据教师发布的任务进行课前自主学习，对接下来要学的内容形成初步认识。

（二）课中

1.趣味导入，揭示主题

《义务教育艺术课程标准（2022 年版）》提出，兴趣是学习美术的基本动力之一。[2]教学时，借助电子平台增加导入的趣味性，如借助与该阶段学生的情意和认知特点相适应的小游戏，牢牢将学生的注意力吸引到课堂上，激起学生对该内容的学习兴趣，并使这种兴趣转化为持久的认真的学习态度。

2.自主思考，艺术品析

学生的思维和智力的发展都离不开自主学习和思考。教师要充分利用地方文化资源和互联网资源，带领学生欣赏艺术作品、艺术现象、艺术历史等，并引导学生分别从思想内涵、形式与风格特征、相关的历史与社会背景，以及作者的思想、情感和创造性的劳动等方面进行观察和分析，给予学生独立思考的机会。之后，教师鼓励学生尝试使用语言、文字、动作等多种方式去表达自己对艺术的感受与认识，从而帮助学生逐步形成审美趣味和美术欣赏能力。

3.交互对话，方法探索

对话性是美术交互式教学的原则之一，倡导师生、生生之间的交流分析、合作探究。教师要发挥引导者的作用，营造民主、平等、轻松、愉快的学习氛围，让学生针对艺术的创作展开思考和探究，同时发挥电子平台的优势让每个学生都有机会表达自己的想法、评论他人的观点，从而在课堂上展开一场目的性强、民主性高的双向交流，师生共同寻得答案。

4.动手实践，表达艺术

经过前面的一番品析、探究、总结后，学生对该课程的内容有了较全面的了解，也有了自己的见解。但美术作为一门实践性极强的学科，还需要通过实践来检验学生的学习成果，同时帮助学生巩固所学知识。在这一环节要鼓励学生大胆地进行艺术创作，将情感自由地抒发在美术作品中。通过这一环节的教学培养学生的美术素养，凸显学科的特色，帮助学生内化知识。

5.互相赏评，共同进步

美术是一个包容性很强的学科，美术创作往往是没有标准答案的。而传统的评价方式总是教师单方面的意见，这不利于学生创新能力和想象能力的发展，更不利于学生理解艺术的本质。因此，可以尝试利用电子平台鼓励学生分享自己的作品，同时欣赏、品析他人的作品，在互赏互评中拓展学生的思维空间，提高学生的赏析能力、想象能力、观察能力等，增进生生、师生之间的交流和情感，培养学生主动帮助同学、善于接纳不同观点的能力。

（三）课后

课后教师翻阅电子平台上的课堂记录，针对学生在课堂上的表现，实施个别教育，并通过电子平台布置作业，帮助学生不断完善自身的美术综合能力，提高学生的学科素养。

三、美术交互式教学模式的注意事项

（一）结合生活，感悟生活艺术

生活中处处存在美，是美术教学的天然课堂，而且结合学生生活的美术教学离学生的认知发展更近，可以激发学生的学习兴趣，有效促进教学。《义务教育艺术课程标准（2022年版）》中就提到了要注重美术课程与学生生活经验紧密关联，帮助学生形成创造美好生活的愿望与能力。[2]因此，在教学时，教师既要引导学生观察生活，了解人类文化的丰富性，培养学生对生活的热爱；也要把学生的生活搬到课堂中，借助生活中的案例帮助学生更好地搭建知识框架，认识美术的特征、美术表现的多样性以及美术对社会生活的独特贡献；还要引导学生尝试完善生活艺术，甚至创造生活艺术，将所学知识运用到生活中。只有贴近生活的美术课程，才能帮助学生从美的角度看待文化生活和社会发展的独特作用，从而逐步形成热爱祖国优秀传统文化和尊重世界文化多样性的价值观。

（二）关注生成，抓住思维火花

随着教育现代化的不断发展，传统教学模式的弊端逐渐暴露出来，传统课堂教学中教师“唯我独尊”的讲授法已经不再适用于美术教学。美术应是灵活多变、百花齐放的，美术课堂应是能够容纳百花齐放的课堂。这就要求教师重视课堂生成，及时抓住学生闪现的思维火花。学生每一次灵感的迸发都是其美术综合能力提高的机会。在设计美术课时，教师应充分考虑如何给学生创造有效生成的机会。创设问题情境是美术教师常用的一个方法。通过抛出问题，引发学生自主思考，在学生有了个人见解后，教师及时组织学生集体讨论，让学生在思维碰撞中不断展示、质疑、完善、更新自己的见解，最终在课堂上形成百花齐放的场面。在这个活动中，学生的自主生成能力不断提高，教师在维持讨论秩序的同时要关注学生的生成亮点，及时肯定学生，帮助学生突破思维障碍，最终提高学生的美术综合素养。需要强调的是，有效生成的场所，不应仅限于教室，还应延伸至教室以外，充分利用地方资源促进学生对艺术的理解，使学生正确看待艺术的多元化。只有关注学生生成的课堂，才能激发学生学习的动力，才更有利于培养学生的美术素养，促进学生发现美、理解美、创造美。

（三）巧用资源，借力推动教学

借助艺术资源是美术教学必不可少的重要环节，思考如何将艺术资源呈现于教学之中并能够有效利用，从而发挥其最大作用，是教师在设计教学时必须要考虑的关键。现代化教育技术给予了我们一个方向，例如，电子书包的使用。电子书包作为一个与互联网相通的电子授课平台，可以容纳数以万计的数据，这些数据中不乏美术课堂上需要的艺术资源。远到千古历史，近到身边小事，是美术教学中时间与空间的跨越。同时电子书包还能将各种资源进行整合，供教师参考和使用，是教师设计教学时强大的帮手。值得注意的是，教师在使用电子设备进行资源处理时，要留意对资源进行筛选。一方面，网络数据库中资源众多，需择优而取；另一方面，电子设备也存在失误，要注重检查资源与学生之间的认知匹配度。相信有了电子设备的协助，教师能够更好地利用资源，推动美术课堂的发展。

参考文献：

[1] 中华人民共和国教育部．义务教育艺术课程标准（2022年版）[S]．北京：北京师范大学出版社，2022.

第二节

在欣赏与实践中创造艺术

——以《精美的邮票》的教学为例

一、教学设计

（一）设计理念

本案例在设计之初就在思考如何有效利用信息科技的优势更好地促进学生创造力和想象力的发展，激发学生学习的主动性，既充分展示美术交互式教学模式的特点，又不失美术教学的本色。因此，我们选择了电子书包作为课堂教学中的交互工具，利用电子书包开放、丰富、灵活的特点，借助电子书包的游戏、讨论、评价等功能，对本课教学进行精妙的构思，让学生了解邮票设计的智慧和丰富内涵，感受美术的包容性和实用性，赞叹艺术之精妙。

（二）教学目标

1. 初步了解有关邮票的知识，学习简单的邮票设计与制作。

2. 通过对邮票构图和色彩的思考与讨论，培养艺术思维，提高审美能力、合作能力、创作能力等。

3. 通过对邮票的欣赏、了解及创作，培养发现美、欣赏美、创造美的能力。

（三）学情分析

小学四年级是小学低年级向高年级的过渡期，是培养学生主动性的敏感时期。在学习这一课之前，学生在用色、点、线造型方面有一定的基础，这对学生学习本课内容来说是有极大帮助的，但要他们用这些美术元素进行自主设计，还存在一定难度。因此，教师在教学时要有计划有目的地引导学生自主分析、欣赏邮票的精妙，适当给予学生思维上的辅助，并给学生自由创作的时间。现代的小学生对邮票较为陌生，教师在课前要创造机会，让学生去了解邮票，以便教学活动的顺利进行。

（四）教学内容分析

《精美的邮票》是人教版小学四年级上册的内容，属于“设计·应用”学习领域。教材中展示了不同种类的邮票，还展示了几个学生一起制作邮票的情景以及学生制作的邮票，让人忍不住赞叹邮票的精美，同时又好奇邮票的制作方法。因此，在设计本课教学时，便把“初步了解有关邮票的知识，学习简单的邮票设计与制作”作为教学重点。由于四年级学生的艺术设计能力还处在探索阶段，于是将“能够利用各种表现手法创新设计邮票”设置为教学难点。

（五）教学模式与策略设计

本案例以电子书包作为交互工具，将交互式教学与美术教学相融合，为美术教学增色。

课前，教师通过电子书包推送课前任务及学习视频帮助学生自学。课中，通过电子书包提供的游戏导入，带领学生认识邮票。将邮票欣赏、邮票分析等多种教学活动相结合探究邮票的特点和意义，拓展学生的艺术视野；通过解构邮票和自主创作邮票等活动引导学生探索邮票的制作方法，让学生在实践中感受艺术创作的快乐。

（六）教学活动设计

教学环节		教师活动	学生活动	设计意图
课前		1. 通过电子书包为学生推送课前任务：通过询问父母、网上查找等方式了解邮票的由来、分类、特点以及其在生活中的作用 2. 推送一个介绍邮票的视频，辅助学生预习	1. 完成课前任务并上传至教师端 2. 观看视频，初步了解邮票 3. 准备制作邮票的工具	通过课前任务拉近邮票与学生生活之间的联系，消除学生对邮票的陌生感，使学生形成一定的学习基础，以便教学活动的顺利开展
课中	趣味导入，揭示主题	利用电子书包的游戏功能制作一个“邮票分类”的小游戏，让学生用“开火车”的方式利用电子书包将邮票进行分类	参与游戏，借助课前自学的知识对邮票进行分类	通过这样的小游戏，既调动了学生上课的热情，营造了良好的课堂氛围，又使学生巩固了相关知识，此外还起到承上启下的作用
课中	自主思考，邮票品析	1. 利用电子书包为学生推送资源库资料，里面的邮票包括人物、历史、动物、风景等题材 2. 询问学生：这些邮票具有什么内涵，你最喜欢哪一张？为什么 3. 介绍一些学生不理解的邮票样式	1. 打开资源库，欣赏里面各种各样的邮票，体会其内涵 2. 寻找自己最喜欢的邮票，并与大家分享自己的观点	利用电子书包中丰富的资源，突破课堂在时间和空间上的限制，让学生看见更多精美的艺术品；让学生独立品析邮票的内涵、特点，在交互中锻炼学生的艺术品析能力和表达能力
课中	方法交流，交互归纳	1. 利用电子书包组建讨论组，让学生小组合作探究邮票由哪几部分组成，制作一枚邮票应有哪些步骤，要注意什么 2. 教师巡视，对有困难的小组进行帮助 3. 对学生的最终讨论结果进行点评，鼓励学生	1. 组长组织组员进行讨论、交流 2. 利用电子书包进行网络搜索，参考他人的观点和意见。 3. 组长将小组的讨论结果发到交流平台，学生自由对各小组的发言进行点评	电子书包的使用，使学生在课堂上就能接触到教师以外的观点，从而丰富学生的思维。在共同讨论、相互点评中，学生能够对邮票的制作形成自己的看法，提高学习主动性
课中	实践理论，动手创作	1. 让学生利用在上一环节中通过讨论所了解到的邮票的特点和所得出的制作方法进行邮票创作 2. 教师巡视，对有困难的学生进行帮助	1. 利用上一环节讨论所得的结果，发挥创意进行创作 2. 将作品拍照上传，组内相互欣赏，评选优秀邮票	这一环节旨在让学生将上一环节中所得的理论知识用于实践，不仅巩固学生的理论知识，还锻炼学生的艺术创作能力和想象力

续表

教学环节		教师活动	学生活动	设计意图
课中	互评互赏，主题升华	1. 让优秀邮票的作者向全班介绍自己的邮票，并展示自己的设计理念 2. 组织学生在电子平台中自由点评各组的作品，引导学生思考作品哪里做得好，哪里做得不好，如何修改会更好 3. 组织学生利用电子书包投票评选出班级最佳邮票	1. 优秀邮票的作者上台介绍并展示自己的邮票 2. 其余同学在电子平台中自由点评，相互欣赏 3. 为自己心仪的作品投票	这一环节重点在学生之间的相互评价，电子平台给每个学生都提供了发表观点的机会，培养了学生的艺术鉴赏能力、思考能力，拉近了学生之间的距离，让所学知识得到进一步巩固
课后		让学生利用所学知识，给同组的同学评分，并选出小组最佳创意奖、最富内涵奖、最美色彩奖	为同组同学的作品进行评分	利用课后时间，通过互评对每个同学的作品进行评价，用评奖的方式鼓励更多学生参与到艺术创作中来，提高学生艺术创作的兴趣

（七）练习设计

课前预习作业：要求学生通过询问父母、网上查找等方式了解邮票的由来、分类、特点。设计这一作业的目的：一是引导没有接触过邮票的学生提前了解邮票，方便接下来的教学；二是让学生初步体会邮票这种艺术形式的特点。

课堂练习：寻找自己喜欢的邮票并说明原因。这是给了学生一次自主思考的机会，让学生结合自己的认知进行艺术品析，并自主探究制作邮票的方法。通过小组合作的方式对学生的合作能力、归纳能力、艺术敏感度等美术综合能力进行考查，让学生制作邮票。这一环节是考查学生对前面所学内容的掌握程度，也是对学生艺术创作能力的考验。

课后练习：组内互评后，教师可以通过学生的评分误差判断该学生是否已经掌握了制作邮票这一艺术品的核心内涵。

二、教学实际过程描述

本课教学很好地发挥了电子书包的作用，将生生交互、师生交互很好地贯穿于整节课，使学生很快地了解到邮票这一艺术品的由来、种类、特点，并自主归纳了邮票的制作方法，完成了作品。

课前，学生通过网络、访问父母等方式收集与邮票相关的信息，了解邮票在生活中的作用，并将自己收集的资料整理好上传到电子平台，再观看教师传送的视频，从而对邮票有了初步的了解。

课中，教学实际过程主要包括游戏导入、邮票欣赏、方法探究、制作邮票以及互评互赏五大部分。在游戏导入环节，教师通过“邮票分类”小游戏检查了学生的课前学习情况，同时带动了课堂气氛，引入了本节课的课题。在邮票欣赏环节，主要是让学生欣赏电子书包上推送的各种邮票，然后让学生自主思考，选出最喜欢的邮票，并加以讲解。在这一过程中，学生已经开始接触艺术品析了，这是培养学生审美能力的第一步。在方法探究环节，教师抛出了“邮票的组成是怎样的？”“制作邮票分为哪些步骤？”“制作邮票的注意事项有哪些？”等一系列具有递进关系的问题，引导学生利用电子书包的各种功能，一步步探究邮票的秘密。在制作邮票环节，主要考查学生的动手能力。学生利用已学知识完成了邮票的制作，并进行了小组互评。在互评互赏环节，各组优秀作品的小作者向全班展示自己的设计思路和设计理念；学生依照个人喜好选出本节课的最佳作品，同时在电子平台上对其他优秀作品进行评价，进一步巩固所学知识。

三、学生收获

教学一开始的导入就激起了学生制作邮票的兴趣。随后的邮票欣赏环节又让学生主动对邮票展开了想象和分析，充分调动了学生学习的自主性，让学习发生的自然而然。而在探究邮票的制作方法时，学生热情参与，充满求知欲，积极加入到小组合作中来，从一开始的不知所措，到逐渐掌握探索的方法，最终呈现出令人满意的答案，学生的合作能力、探究能力都在提升。到了制作邮票环节，学生表现出满满的自信，充分发挥想象力，制作出了精美的邮票，很好地掌握了简单邮票的制作技巧。这一成果也表现在学生互评互赏环节，学生的评价有理有据，建议也充满创意，同时又复习了一遍关于邮票的知识。

四、教学反思

《精美的邮票》是一节实践性很强的课，为了使实践更顺利，同时让学生得到更多锻炼，我们让学生在正式进行邮票制作前花了很长时间了解邮票、探索邮票，导致后面的互评互赏环节显得有些匆忙，没有把握好节奏，仅分享了几名学生的评价。为了不让其他学生失望，在本次课的作业评分中给每一个做了评价的学生都加了分，以此鼓励学生积极参与，感谢学生的热情配合。虽然这一部分不太完善，但也正是因为前期工作做得充足，学生在制作邮票的过程中出现的问题并不多，大部分学生都能又快又好地完成邮票的制作，且想象力丰富，制作的邮票各种各样，令人惊喜。本次教学效果不错，师生、生生互动顺畅，这得益于电子书包的高效使用，使得课堂教学在时间和空间上都得到了拓展，对学生的学习大有好处。

第三节

在思考与评价中设计未来

——以《千姿百态的帽子》的教学为例

一、教学设计

（一）设计理念

本课设计注重让学生在课堂上得到充足的交流，能够在交流中进行反思，提高自己的美术综合能力，既展现美术交互式教学模式的优势，又保留美术教学的特点。因此，选择让学生在思考中交流，在交流中互动的方式，结合电子书包的优势，辅以图片、音频、游戏等媒介，让学生在交互中感受艺术创作的趣味以及艺术创作对生活的重要性。

（二）教学目标

1. 了解帽子的有关知识，能利用合适的材料制作帽子。
2. 通过自主思考、小组合作、集体交流等方式提高美术综合能力。
3. 激发热爱生活，期待未来，运用美术知识美化生活的兴趣。

（三）学情分析

四年级学生有着丰富的想象力。在学习本课之前，他们已经尝试过一些剪纸练习，对手工充满兴趣，并且具备了一定的动手能力，为本课学习打下了良好的基础。但班中仍有部分学生基础较弱，自信不足，教学时要多关注这些学生，适当提供手工范例，引导学生展开想象进行制作。

（四）教学内容分析

《千姿百态的帽子》是人教版小学美术四年级下册的第 16 课，属于“设计·应用”领域。教材中展示了造型各异的帽子供学生欣赏和参考，丰富了学生的想象力。同时也给出了制作帽子的方法，以及制作的帽子作品，给学生制作帽子以很好的启发。因此，将“运用正确的材料和方法制作帽子”设为教学重点，将“发挥创意设计帽子”设为教学难点。

（五）教学模式与策略设计

本案例采用以学生思考和评价为主的交互式教学模式，把合作、游戏等互动方式融入美术教学之中，为美术教学增色。

课前，让学生选择自己或家人的一顶帽子，拍照并记录下这顶帽子的作用。课中，通过分享课前作业，让学生感受生活中的美术，引入帽子制作的话题。在具体教学过程中，先让学生思考什么样的材料适合制作帽子，并自由发言；随后让学生小组交流，畅想帽子的奇特功能，并将自己的设计发布在电子平台上，生生间相互提意见并反思、改进想法，设计方案确定后开始动手制作。最后，利用剩余的时间开展“走秀”活动，学生举手点评，让学生在评价中进一步提高美术综合能力。

（六）教学活动设计

教学环节	教师活动	学生活动	设计意图
课前	让学生选择自己或家人的一顶帽子，了解它的特点及其对主人的意义	1. 选择一顶喜欢的帽子，拍照并访问帽子的主人 2. 将照片和访问结果通过电子书包上传给教师	引导学生主动了解生活中的事物，培养学生对生活的好奇心，激发学生的生活热情，同时锻炼学生收集整理信息的能力

续表

教学环节		教师活动	学生活动	设计意图
课中	分享生活趣味导入	1. 组织学生分享课前了解到的帽子，以及帽子设计上的特点和对主人的意义 2. 邀请学生一起制作未来帽子，引入课题	主动分享自己的课前收获，介绍帽子的特点和帽子对主人的意义	通过分享活动，放大帽子对生活的作用，引起学生制作帽子的兴趣；让学生了解更多有特色的帽子设计，扩大学生的认知面，丰富学生的想象力
	借助网络思考归纳	1. 引导学生思考哪些材料适合做什么类型的帽子 2. 组织学生自主思考，自由发言 3. 对学生的发言进行归纳总结	1. 借助电子书包，了解不同材质的帽子，以便逆向推理，得出总结 2. 举手分享自己的看法	电子书包是破除教室界限的钥匙，通过这把钥匙，学生可以迅速接触到材料各异的帽子，便于总结出不同材料对应的帽子类型，同时锻炼归纳推理能力
	互评互议设计未来	1. 组织学生小组交流，畅想未来的帽子会有什么功能，拥有怎样的外观，是用什么材料制作的 2. 组织学生利用电子书包对其他小组的设计进行评价，并给出自己的建议	1. 组长组织组员交流，畅想未来帽子的功能、外观、材料，并记录下本组的想法，上传至电子平台 2. 以小组为单位给其他小组的设计提意见 3. 根据其他小组对本组设计的评价进行反思和修改	通过小组交流提高学生的合作能力、审美能力、想象能力；互评能够进一步提高学生的设计能力，开拓学生的思维，给学生提供相互学习的机会，便于学生完善自己的设计，以便下一环节的顺利进行
	实践设计创造未来	1. 组织学生以小组为单位，利用现有的材料按照已经完成的设计稿进行未来帽子的模型制作 2. 适时给学生提供帮助	在组长的组织下，小组合作完成未来帽子的模型制作	这一环节旨在让学生利用有限的材料落实设计理念，提高学生手工制作的兴趣，给学生动手实践的机会，锻炼学生的动手能力
	创意展示畅想未来	1. 组织学生展示小组成果，并戴着自己设计的帽子走秀 2. 组织学生点评各小组的作品 3. 录下学生走秀的视频分享给家长	1. 完成作品的小组主动举手参与走秀 2. 专心看走秀并积极点评	通过走秀展示作品，增加学生的自豪感，提高学生动手制作的兴趣；在点评中提高学生的艺术品析能力，帮助学生巩固所学知识，营造欢乐的氛围；将走秀视频分享给家长，有效促进家校合作
课后		让学生思考妈妈需要什么样的帽子，并制作一顶帽子送给妈妈	思考并制作妈妈需要的帽子	既考验了学生的独立设计能力，帮助学生巩固了知识，也给了学生一个表达感恩之心的机会

（七）练习设计

课前预习作业：要求学生自行选择一顶喜欢的帽子，观察它并了解它对主人的意义。这一练习不仅可以让学生看到美术与生活的联系，培养学生对帽子制作活动的期待，还能让学生主动去思考生活，提高学习的主动性。

课堂练习：思考哪些材料适合做什么类型的帽子。这是为了给下面的评价环节、制作环节打基础，拓展学生的知识面，使学生感受生活的奇妙。互评设计稿，反思、完善小组设计。这一活动旨在让学生在评价和反思中优化自己的设计。制作帽子。

课后练习：通过给妈妈制作帽子，让学生将课堂所学用于生活中，培养学生表达爱的能力，促进家校合作。

二、教学实际过程描述

在实际教学中，评价、反思、实践很好地融为了一体，激发了学生的学习主动性，营造了相互分享、共同成长的和谐氛围，使学生发现了帽子世界的多姿多彩。

课前，学生通过观察、访问等形式寻找一顶帽子，拍下照片并了解它的用处，然后将资料上传到电子书包。

课中，教学实际过程分为四大部分：导入、自主思考、合作与评价、走秀。首先，教师组织学生分享自己的课前作业，即介绍自己喜欢的帽子，并谈谈这个帽子设计上的特点及其对主人的意义，自然而然地将学生吸引到帽子的制作上来，营造了和谐的学习氛围。其次，引导学生自主思考。为了方便学生进行帽子设计和制作，教师引导学生利用电子书包中的资源库自主了解帽子的种类和不同款式，以便对帽子的选材有所了解，进而学习关于帽子制作的知识。再次，将学生分为四人小组展开合作与评价。组长组织组员设计一款未来帽子，要考虑到帽子的外观、功能、材质等，并用电子书包记录下大家的想法。组长将本组的设计上传至电子平台，学生相互欣赏、相互学习，没有设计思路的小组可以参考其他组上传的作品，借鉴学习。已完成的小组可以留下自己的评价和建议，收到建议的小组继续完善自己小组的设计。在确定了设计稿之后就可以动手制作帽子了。由于资源有限，学生只能用彩色卡纸等易得到的材料做实物模型，学生互帮互助、协调合作，顺利完成了帽子的制作。最后，我们利用剩下的时间组织了一场帽子走秀，其他学生进行点评。而教师则将学生走秀的情况拍照或录视频分享给家长，让家长看到学生的学习成果。

三、学生收获

学生的课前任务完成得都很好，因此在导入部分学生分享的帽子五花八门，所讲的意义也十分有趣，用一种欢乐的方式走进新课的学习，调动了学生学习的积极性。在自主思考环节，学生借助电子书包总结哪些材料适合做帽子，为帽子的制作打下了基础。随后学生以小组为单位设计未来帽子，并根据大家的建议完善设计稿，然后齐心协力动手制作，最终顺利完成了帽子制作。在这一过程中，学生不仅培养了合作能力，还提高了动手能力。走秀环节有四个小组参与，他们大胆自信，出色地展示了小组的成果。

四、教学反思

《千姿百态的帽子》属于“设计·应用”领域的内容，为了增加学生的参与感，我们设计了帽子分享、小组设计、班级互评、简易走秀等互动活动，学生在活动中进行了展示，教学目标也在活动中得以实现。但本节课仍存在不足之处。例如，在制作帽子时没有足够的材料供学生选择，导致学生的设计理念没能充分落实。如果学生的材料需求能够得到满足，那么这一活动将成为这节课的亮点。在最后的走秀环节，我们认为能很好地唤起学生的创作兴趣和创作信心，但由于时间关系，仅选择了四个小组进行展示，学生意犹未尽。除此之外，在教学中，我们采取了小组互评的方式，除了相互点评设计稿外，也会对完成的作品进行点评，目的就是让学生发挥主动性，将被动学习转变为主动学习，真正提高学生的美术素养。

第四节

在合作与拓展中感悟生命

——以《保护珍稀野生动物》的教学为例

一、教学设计

（一）设计理念

本案例的设计重点在于，利用美术交互式教学模式的优势，将课堂最大限度地还给学生，让学生在自主学习中获得美术活动经验，培养对生命敬畏和热爱的情感。通过收集资料、分享资料、感悟资料、制作图册等活动，使学生成为课堂的主人，感受到美术在生活中的实用性以及学习美术对生活的积极意义，培养美术学习的兴趣。

（二）教学目标

1. 了解珍稀野生动物的种类和生活习性以及目前的生存状态。

2. 在收集资料、小组合作等活动中体会美术在生活中的实用性。

3. 促进生命教育，树立保护野生动物、呼吁保护野生动物的责任感，培养美术学习的兴趣。

（三）学情分析

三年级学生已经具备了一定的绘画功底、文字表达能力、资料收集能力，这为本课的学习打下了基础，但有些学生的合作、探究经验不足，在小组活动时还需要教师加以引导。此时的学生，对不熟悉的事物有着较强的好奇心，且缺乏对生命的敬畏，在与动物相处时易犯无心之过。因此本课在情感态度的引导上除了要重视对学生美术兴趣的培养外，还要关注对学生的生命教育，让学生了解野生动物的现状，学习与野生动物正确的相处之道。

（四）教学内容分析

《保护珍稀野生动物》是人教版小学美术三年级下册第19课内容，属于“综合·探索”领域。教材中展示了几种野生动物的照片以及半个地球的形象，反映了动物与地球之间密不可分的联系，其中熊猫、骆驼等动物形象不仅有生动的照片展示还有相关的作品展示，旨在启发学生的创作思路。因此，将“引导学生了解珍稀野生动物的种类和生存状态，培养学生热爱动物的意识”设为教学重点，将“能够用自己的方式创作保护野生动物的图册”设为教学难点。

（五）教学模式与策略设计

本课将电子书包作为学生的学习工具，教学中采用交互式教学模式，旨在让学生在小组合作和资料拓展中感悟生命的重量，体会美术的意义。

课前，教师利用电子书包推送作业，让学生自主收集珍稀野生动物的品种、习性及其目前的生存状态。课上，利用多媒体播放宣传保护野生动物的公益广告，引起学生的同情心。随后采取自由发言的方式，引导学生共享自己课前收集的关于珍稀野生动物的资料；在此基础上让学生展开小组讨论：为什么要保护珍稀野生动物？最后，小组合作制作一本保护珍稀野生动物的图册，鼓励学生把积累的对珍稀野生动物的同情心通过这种方式表达出来。

（六）教学活动设计

教学环节		教师活动	学生活动	设计意图
课前		利用电子书包推送作业，让学生自主收集珍稀野生动物的种类；了解一种珍稀野生动物的习性及生存状态	1. 通过互联网查找、翻阅书籍、访问家长等方式完成教师布置的课前作业 2. 将作业上传至电子书包	引导学生主动了解珍稀野生动物目前的状况，培养学生的自学能力、资料收集能力，为上课做好准备
课中	视频导入，引发共鸣	给学生推送一则宣传保护珍稀野生动物的公益广告；展示当下全球范围内珍稀野生动物的整体状况	认真观看教师推送的视频	利用视频让学生了解珍稀野生动物的现状，引起学生对珍稀野生动物的同情心，营造课堂氛围，以便更好地展开本节课的教学
	自由发言，了解动物	组织学生发言 1. 你知道的珍稀野生动物有哪些 2. 你知道哪些有关珍稀野生动物的信息	1. 积极发言，自由交流，共享自己收集的资料 2. 将自己课前整理的资料发到班级交流平台，供大家参考	既可以检查学生的课前预习情况，又可以使学生对珍稀野生动物的品种、习性有初步的了解，同时锻炼学生的表达能力，让学生感受到分享的快乐
	小组探究，深化意识	1. 为什么要保护珍稀野生动物？如何保护珍稀野生动物 2. 用电子书包推送一些图文资料，帮助学生思考 3. 组织小组汇报 4. 师生共同总结	1. 组长组织组员结合教师推送的电子资料展开交流，讨论教师提出的两个问题 2. 组长记录下本组的想法 3. 小组代表汇报小组讨论结果	通过小组交流提高学生的合作能力、自主性和思考问题的深度；教师推送的资料能够降低学生讨论的难度；在这个活动中学生将对保护珍稀野生动物的方式有所了解，认识到保护珍稀野生动物的重要性
	制作图册，呼吁保护	1. 组织学生以小组为单位利用现有的材料制作一本保护珍稀野生动物的图册 要求： 每个组员负责介绍一种珍稀野生动物，可以选择自己喜欢的方式呈现动物形象，如绘画、剪贴等，再配上几句合适的话 2. 利用电子书包推送图册范例，供学生参考	在组长的组织下小组合作完成保护珍稀野生动物图册	在前面的环节中，学生已经对珍稀野生动物的保护、习性等有所了解，这一环节旨在让学生在制作图册的过程中感受美术对现实生活的意义，培养学生美术创作的兴趣，同时培养学生对珍稀野生动物的热爱，让学生树立保护珍稀野生动物的意识

续表

教学环节		教师活动	学生活动	设计意图
课中	相互评赏，呼吁保护	1. 让学生将小组作品拍照并上传至班级平台 2. 让学生自由发表对作品的看法，投票选出最佳图册	1. 上传小组作品 2. 积极举手发言，互评互赏	利用电子书包，学生可以在任一时间提交作品，方便教师了解学生的学习情况，同时促进学生的互评互赏
课后		与父母分享自己在课上所学的知识，包括珍稀野生动物的现状、保护措施等，呼吁父母一起加入到保护珍稀野生动物的行列中来	与父母分享课上所学知识，呼吁父母一起加入到保护珍稀野生动物的行列中来	让学生明白保护珍稀野生动物人人有责，借助学生的力量将保护意识推广到每一个家庭，升华本节课的教学目标

（七）练习设计

课前预习作业：要求学生通过互联网查找、翻阅书籍、访问家长等方式完成教师布置的课前作业。这不仅是鼓励学生主动了解珍稀野生动物，也是对学生收集资料能力、自学能力的考验。

课堂练习：通过让学生回答“珍稀野生动物有哪些？你知道哪些有关珍稀野生动物的信息？”两个问题，检验学生的课前作业完成情况，同时培养学生敢于表达的勇气、清晰表达的能力。通过让学生思考“为什么要保护珍稀野生动物？如何保护珍稀野生动物？”两个问题，考验学生的信息整合能力、小组合作能力以及问题分析能力，将保护珍稀野生动物的重要性刻在学生心里。让学生制作保护珍稀野生动物的图册，是对学生综合能力的考查，如小组合作能力、设计能力、创新能力、审美能力、宣传能力以及组长的领导能力等，这些都可以体现在这本画册的制作过程和结果之中。

课后练习：要求学生将今天在课上所学的知识讲给父母听，包括珍稀野生动物的现状、保护的意义以及保护的措施等，这不仅是在检验学生的课堂学习效果，更是在锻炼学生的逻辑思维能力和表达能力，同时让家长也能加入到保护珍稀野生动物的行列中来。

二、教学实际过程描述

本案例很好地按照预期计划进行，将课堂打造成了学生思考、讨论、合作的交互式教学课堂，使学生能够在课堂中走近珍稀野生动物，关注珍稀野生动物，从而感受到美术的有趣和深刻意义。

课前，教师利用电子书包推送“珍稀野生动物有哪些种类？了解一种珍稀野生动物的习性及生存状态”的作业给学生，让学生以自己喜欢的方式收集信息。

课中，教学过程主要包括三大部分：课堂导入、思考与讨论、图册制作。在课堂导入中，教师播放了一则保护珍稀野生动物的宣传片，将学生的注意力集中到课堂中来，使学生感受到珍稀野生动物艰难的生存环境，从而引入今天的课题。在思考与讨论部分设置了两个环节：一是让学生利用课前收集的资料回答“珍稀野生动物有哪些种类？你知道哪些珍稀野生动物的信息？”这两个问题，使学生对珍稀野生动物的具体情况有所了解。二是让学生针对“为什么要保护珍稀野生动物？如何保护珍稀野生动物？”两个问题进行小组讨论，随后展开小组汇报，然后将小组的讨论结果上传至电子书包。这个环节旨在让学生思考保护珍稀野生动物的意义，潜移默化地对学生进行生命教育，让学生知道保护珍稀野生动物的重要性，提高学生对生命的关怀，同时锻炼学生的小组合作能力，提高学生的思想深度。在图册制作部分，要求学生小组合作制作一本保护珍稀野生动物的图册，学生可以自主选择喜欢的方式，如绘画、剪贴等，再配上几句合适的话。这一环节基于学生对珍稀野生动物的现状、种类、习性，以及保护的意义和措施都有所了解，并起到了巩固和总结的作用，同时又锻炼了学生的动手能力、想象能力和美术素养。

三、学生收获

导入中的宣传片很快就吸引了学生的注意力，学生通过视频了解到珍稀野生动物的生存现状，激发了保护珍稀野生动物的情感。在随后的珍稀野生动物信息分享中，学生纷纷将自己收集的资料进行分享，使大家了解到不少珍稀野生动物的信息，同时也感受到资源共享的好处。在小组讨论中，组长起到了带头作用，小组成员一起讨论，总结出了保护珍稀野生动物的意义。在图册制作中，学生发挥了自己的想象力，每个人都完成了对一种珍稀野生动物的宣传绘制工作，小组合作汇成了一本精美的图册，表达了学生保护珍稀野生动物的美好心愿。作业方面，从家长的作业意见反馈中可以看出，学生们通过各种方式将课上所学与父母进行分享，完成情况不错。

四、教学反思

《保护珍稀野生动物》是一个综合性课题，本节课教学结合了品德学科与美术学科的特点对学生进行教育。在设计教学时，我们考虑过利用电子书包设置抢答环节，让学生在抢答中加深对珍稀野生动物的了解。但这种方法对三年级学生的知识量要求比较高，学生的课前预习负担会比较重，于是我们放弃了这个想法，设置了让学生利用课前收集的资料进行自主发言的活动，减轻了学生的负担。但我们认为利用电子书包的优势来设置抢答活动这种方式，对于营造课堂氛围，提高学生美术学习的兴趣，发挥电子书包在教学中的积极作用是十分有利的，在复习课、练习课的教学中，不失为一个好的教学手段。

此外，在图册制作环节，为了使学生的制作思路更清晰，在教学中，我们建议每个学生负责对一种珍稀野生动物进行宣传，然后小组合作汇成一本图册。这个建议虽然减轻了学生的压力，但也局限了学生的设计思路，不能很好地锻炼学生的合作能力。

第五节

在交流与探索中变废为宝

——以《巧用瓶盖》的教学为例

一、教学设计

（一）设计理念

本课对学生的想象力有较高的要求，因此在教学设计之初我们重在思考如何引导学生一步步在脑海中构图，促进学生自主分解每一个步骤，发展学生的想象力和动手能力。我们想到了交互式教学模式。我们利用多媒体多元、开放的特点，实现学生与精美艺术的交互，帮助学生分解表象，引发学生与学生间的交互。再通过游戏，引导学生在交互中对已分解的表象进行重新组合，最终完成探索。在交互过程中，既拓展了学生的思维，也使学生看见了美术“变废为宝”的功能，赋予美术新的意义。

（二）教学目标

1. 能够利用多种多样的瓶盖设计出精美的图案，并动手将设计做成实物。

2. 通过多元化的交互活动，培养想象力，提高合作能力、创作能力和动手能力。

3. 通过一系列“变废为宝”活动，提高环保意识，培养留心生活、热爱生活的态度。

（三）学情分析

本节课对学生的想象力和动手能力有一定的要求，但小学二年级的学生正处于手和脑快速发展的阶段，在想象和动手方面还需要教师多关注、多引导。同时，该阶段的学生好奇心和求知欲比较强，他们喜欢接触新鲜事物，这对学习本课是有极大优势的。因此，教师必须抓住学生的好奇心，利用学生喜闻乐见的方式，向学生渗透本节课的重难点，让学生在轻松、快乐的活动中发散思维，发展想象力、审美能力和认知能力，体会废物利用的快乐。

（四）教学内容分析

《巧用瓶盖》是人教版小学美术二年级上册的内容，属于“设计·应用”领域。教材先以一段顺口溜带入，同时展示了各种各样的瓶盖，引发学生对瓶盖的关注，使学生认识到瓶盖是丰富多彩的。下面又提供了两种不同的瓶盖艺术创想，启发了学生的创作思维。最后又附上了难度更高、更精美的瓶盖作品，激起学生挑战的欲望。因此，我们将“瓶盖的认识、瓶盖的组合以及瓶盖的运用”作为本节课的教学重点，将“引导学生通过步骤分解领悟创作技巧”设为教学难点。

（五）教学模式与策略设计

本课注重发挥多媒体和游戏的优势，引导学生在多元化的交互活动中领悟瓶盖创作的技巧，明白变废为宝的意义。

课前，让学生自主收集各种各样的瓶盖，并将瓶盖按照自己喜欢的方式分类。课上，通过视频让学生了解由瓶盖创作的精美的艺术作品——椰壳。在具体的教学过程中，教师先和学生一起认识瓶盖的多样性，然后通过游戏对瓶盖进行联想、构思，初步启发学生的思维。再通过师生共同分解作品的方式，探究瓶盖作品的秘密，最后将所得认知运用于实践中，创作出自己的瓶盖作品，让学生在实践中体会美术的奇妙，感受变废为宝的快乐。

（六）教学活动设计

教学环节	教师活动	学生活动	设计意图
课前	1. 布置任务 （1）收集身边废弃的旧瓶盖，准备一张卡纸 （2）将旧瓶盖按照自己喜欢的方式进行分类，可按颜色、大小等分类 （3）思考旧瓶盖可以做什么 2. 收集优秀瓶盖作品的图片、视频等	1. 准备学具，收集身边的旧瓶盖 2. 将瓶盖进行分类 3. 尝试寻找瓶盖的奇妙用途	通过课前任务，让学生准备学具，既能引导学生留心身边事物，又能启发学生明白一草一物皆有其价值
课中 视频导入，激发兴趣	1. 将提前准备好的优秀瓶盖作品展示给学生，并提问：你知道这些美丽的艺术作品都是用什么制作的吗 2. 引导学生进入本课学习中，一起了解瓶盖的巧用	1. 观看视频，欣赏作品 2. 猜想这些艺术作品都是用什么制作的	通过视频和图片，将优秀瓶盖作品直接展示在学生面前，调动学生用瓶盖创作的浓厚兴趣，营造充满求知欲的美术课堂
课中 瓶盖分类，交互归纳	1. 鼓励学生展示自己收集的瓶盖，介绍自己的分类方法和理由 2. 与学生共同总结瓶盖有哪些分类方式，并引导学生思考这种类型的瓶盖像什么，有什么作用 3. 引导学生思考：一个瓶盖可以做什么？两个呢，三个呢	1. 积极展示自己的收集成果 2. 积极分享自己的想法和理由 3. 积极对刚才讨论的结果进行总结归纳	生生交互、师生交互，在检验学生课前作业完成情况的同时，锻炼了学生的表达能力、归纳能力、联想能力，为下面利用瓶盖创作打下了良好的基础
课中 游戏交互，收获新知	1. 组织闯关小游戏 思考：这样的瓶盖艺术作品是如何制作的？其中关卡设置由易到难，即瓶盖作品的复杂程度随游戏的进行逐步提高 2. 在学生有困难时进行适当启发，引导学生思考更多的可能性 3. 鼓励学生分享自己在分解制作方法的过程中学到的创作方法	1. 积极参与游戏，思考瓶盖作品的制作方法 2. 归纳瓶盖作品的制作方法	游戏能有效地吸引学生参加作品赏析活动；通过对瓶盖作品的赏析，锻炼学生的思维，让学生主动学习用瓶盖创作的技巧，认识到“原来还可以这样”，并将这些技巧投入到接下来的创作活动中

续表

教学环节		教师活动	学生活动	设计意图
课中	技巧应用，动手创作	1. 让学生将学到的技巧应用到创作中，自主设计瓶盖作品 2. 教师巡视，对有困难的学生进行帮助	发挥创意，创作出自己的瓶盖作品	这一活动旨在让学生将在上一活动中学到的创作技巧应用于实践，不仅帮助学生进一步巩固创作技巧，还锻炼了学生的艺术创作能力和想象力，顺利实现“变废为宝”
	共同感悟，心系自然	1. 鼓励学生展示自己的作品，点评学生的奇思妙想 2. 引导学生思考：假如这些瓶盖没有被带到课堂上来，此时它可能在哪里 3. 展示被废弃塑料污染的自然环境 4. 呼吁学生一起宣读环境保护倡议书，变废为宝，保护环境	1. 积极展示自己的作品 2. 思考、讨论废弃瓶盖的去向 3. 宣读环境保护倡议书，共同保护环境	这一环节重在升华本节课的主题，打开美术与自然之间的联系；让学生在交流中认识到变废为宝的意义，同时培养学生对大自然、对身边一切事物的关爱之情
课后		1. 让学生结合今天所学的创作技巧，看看家中还有哪些可以变废为宝的物品 2. 尝试变废为宝	寻找身边更多可以变废为宝的物品，并尝试操作	鼓励学生举一反三，既温习了本课所学内容，又将学生的思考范围扩大了，培养了学生的创新能力和发散性思维

（七）练习设计

课前预习作业：给学生一周的时间，让学生收集废弃瓶盖，并将瓶盖进行分类，思考每种类型的瓶盖可能在哪里派上用场。设计这一作业的目的，一是让学生准备好学具；二是锻炼学生的主动性，引导学生留心生活，培养学生积极的生活态度。

课堂练习：分享自己对不同类型瓶盖的想法。这一步旨在引导学生将自己的想法说出来，锻炼学生的表达能力和想象力。思考教师所展示的瓶盖作品是如何制作的，运用逆向推导的方式帮助学生分解制作步骤，既让学生感受到逆向思维的魅力，培养其逆向思维的能力，也使学生更好地掌握了瓶盖艺术品制作的技巧。让学生动手创作瓶盖作品，是本节课的关键，也是检验学生学习情况的途径，这一环节培养了学生的动手能力、创作能力等美术综合能力。

课后练习：思考家中哪些物品还能变废为宝并进行尝试。这个作业对于二年级学生来说稍有难度，但能够进一步培养学生的动手能力。

二、教学实际过程描述

本案例多处运用了生生交互、师生交互的方式，将交互的作用与本课的教学目标很好地结合起来，使学生认识了多种多样的瓶盖，总结出了瓶盖艺术品的制作技巧，并做出了极具想象力的瓶盖艺术品。

课前，学生收集瓶盖，并对自己收集到的瓶盖做了简单的分类，思考了不同类型的瓶盖像什么。

课中，教学过程主要包括图片导入、认识瓶盖、分解作品、动手操作、感悟升华五个环节。在图片导入环节，教师挑选了一些比较精美的瓶盖艺术品，充分调动了学生的好奇心和求知欲，引出了本节课的主题。认识瓶盖环节主要包括展示收集的瓶盖、将瓶盖分类、分享自己对瓶盖的创作想法三个内容，让学生在交互中一步步了解了瓶盖创作。在分解作品环节，教师利用游戏激发学生思考的积极性，展示瓶盖作品，以供学生分解制作步骤和总结经验，促进学生掌握制作技巧，这一步对学生来说有些难度，因此花的时间比较多，在学生思考的过程中教师也适当给予了启发，引导了学生的思考方向。在动手操作环节，组织学生利用刚刚掌握的技巧创作属于自己的瓶盖作品，大部分学生都能做出自己的创意作品。在感悟升华环节，教师让学生思考：假如我们手中的瓶盖没有被我们收集来用于创作，它现在会在哪里呢？学生自由回答后教师播放小短片《瓶盖的一生》，让学生领悟到我们不仅仅是在制作作品，也是在保护环境，之后教师与学生共同宣读环境保护倡议书，培养学生对大自然、对身边一切事物的关爱之情。

三、学生收获

导入环节把大部分学生的创作热情都调动了起来，为接下来的学习打下了良好的基础。随后在“分析不同样式的瓶盖适合做什么”时，学生能发挥自己的想象力积极参与到课堂中。而在作品分解中，学生都能积极开动脑筋，总结出一些简单的制作方法，但有部分学生的思维无法跟上节奏，学习起来有些困难。到了瓶盖作品创作环节，学生们热情高涨。在掌握了一定制作方法，见识了优秀瓶盖作品的基础上，学生都能快速投入创作中，部分学生的作品很有新意。最后是升华情感的环节，学生们看完小短片后有了一定的感悟，能够很好地参与到宣读环境保护倡议书活动中，该环节展现了美术与自然、生活之间的联系，培养了学生保护环境、节约资源的意识。

四、教学反思

本节课的实践性很强，对学生想象力和创作能力要求较高，因此我们从课前准备环节开始就在帮助学生搭建思维，主要包括尝试、认识、分解、制作四个环节，前三个环节帮学生准备了相对充足的表象，因此在创作环节大多数学生都能很好地完成自己的瓶盖作品。但在作品赏析环节，由于我们没有把握好赏析难度，导致部分学生难以理解制作方法，在这里所花的时间超过了我们的预期，影响了课堂节奏，导致后面的教学时间减少，没能很好地展开。除此之外，本节课的目的不仅在于培养学生的美术综合能力，也要唤醒学生的环保意识。因此我们在课堂最后设计了一个宣读环境保护倡议书活动，让学生知道我们回收再利用瓶盖的意义。总体来看，无论是生生互动还是师生互动，其方向都是与教学目标相契合的，有效突破了本课的教学重难点。

后 记

经过多年的探索、实践与完善，交互式教学模式广泛地应用于课堂教学中，收获颇丰。如今，在信息化时代下，越来越多的学校采取信息化教学。由于新冠疫情的影响，线上的教学方式与教育资源不断丰富，也推动了信息技术与教育教学的深度融合。

正所谓，用理论指导实践，用实践检验理论。为结合学校特色、教师特点和学生兴趣，构建符合社会发展需要、满足学生发展需求的教学模式，我们对交互式教学模式进行了有效探索。然而，在实践中总结经验，在经验中总结结论，实属不易。秉承“新、实、趣、活”的教育要求，利用信息技术实现指向核心素养的教学目标，整合贴近学生生活实际的教学内容，变革教学方式，优化评价标准，构建符合学生身心发展规律的教学模式。由此，《交互式教学：模式、策略与案例》一书应运而生。

本书的撰写过程漫长而艰辛，其中的实践案例与经验总结更需要长时间的积累和检验，在此感谢各位一线教师的支持与帮助。希望通过本书与各位有志教改者交流经验，欢迎各位教师分享自身经验、提出宝贵意见。我们将继续在交互式教学的探索中深耕细耘，不断提升与完善交互式教学模式。

本书的出版，得到江苏凤凰教育出版社的支持；本书的写作、出版，得到了岭南师范学院的帮助。谨在此一并致谢！